Le temps ne répare presque rien

Théophile Touali

Le temps ne répare presque rien
Poèmes

© Théophile Touali

ISBN : 978-2-3224-7731-9

Le code de la propriété intellectuelle n'autorisant aux termes des paragraphes 2 et 3 de l'article L.122-5, d'une part, que les copies ou reproductions strictement réservées à l'usage privé du copiste et non destinées à une utilisation collective et, d'autre part, sous réserve du nom de l'auteur et de la source, que les analyses et les courtes citations justifiées par le caractère critique, polémique, pédagogique, scientifique ou d'information, toute représentation ou reproduction intégrale ou partielle, faite sans le consentement de l'auteur ou de ses ayants droit ou ayants cause, est illicite (article L.122-4). Cette représentation ou reproduction, par quelque procédé que ce soit, constituerait donc une contrefaçon sanctionnée par les articles L.335-2 et suivants du Code de la propriété intellectuelle.

Dédicace

À mes fils bien-aimés,
À mes précieux lecteurs,
Avec toute mon affection !

Promesse d'ivresse

Sur le lit, un parterre de pétales écarlates,
Chaque fleur conte une histoire douce et délicate,
Un chemin de velours, appel à la tendresse,
Sous la lumière tamisée, promesse d'ivresse.

Une bouteille de vin, témoin de leurs instants,
Se repose langoureuse, sur ce lit captivant,
Ses courbes élégantes, reflet de leurs désirs,
Chaque goutte est une caresse, un ardent plaisir.

Les pétales éparpillés, parsemant leurs pensées,
Leurs couleurs ardentes, passion éveillée,
Chaque contour de fleur, chaque nuance cramoisie,
Rappelle la chaleur de leurs baisers fleuris.

Les coussins moelleux, un cocon de douceur,
Attendent leur étreinte, l'union de leurs cœurs,
La lampe éclaire doucement, révélant nos mystères
Dans cette nuit d'ivresse, où tout devient sincère.

Le vin dans le verre, un élixir divin,
Ses arômes envoûtants, un monde sans fin,
Chaque gorgée, une invitation à l'abandon,
À se perdre l'un dans l'autre, fusion de passions.

La chambre devient sanctuaire, un refuge,
Où murmures s'échangent, où désirs se jugent,
Chaque caresse, chaque soupir, un serment
Que cette nuit est leur éternité, leur moment.

Les pétales, doux messagers de leurs envies,
Se lovent contre eux, comme un tendre abri,

Leur toucher soyeux, comme une caresse légère,
Éveille leurs sens en un ballet de lumière.

Le parfum des fleurs se mêle au vin corsé,
Un mélange enivrant qui fait vibrer,
Chaque note florale, chaque arôme subtil,
Rend cette nuit magique, infinie et fragile.

Dans l'intimité de cette chambre dorée,
Ils laissent leurs âmes s'envoler
Vers des cieux où seuls les amants vont,
Là où le temps s'arrête, où tout est bon.

La lumière est douce
Sous une étoile rousse
Un hymne à l'amour, un chant de pureté
Où chaque instant vécu est une éternité

Dans cette danse divine,
Chaque mouvement dessine
Une poésie vivante, une ode à la beauté
De cette nuit d'amour où tout est sacralité

Le monde extérieur n'existe plus, il s'efface
Devant leur douce embrassade qui enlace
Chaque souffle, chaque regard
Est une étoile qui brille dans leur ciel écarté

Les pétales rouges, comme des cœurs éparpillés,
Sont les témoins silencieux de leur nuit éveillée,
Ils capturent leurs secrets, leurs espoirs, leurs désirs,
Et les gardent précieusement dans le jardin du plaisir.

Le vin, compagnon fidèle de leurs élans,
S'écoule lentement, réchauffant leurs sangs,

Il colore leurs lèvres de son rouge passion,
Les unit encore plus dans cette douce fusion.

Et alors que la nuit s'étire doucement,
Ils savent que ce moment est hors du temps,
Que leur amour, comme ces pétales délicats,
Est précieux, fragile, mais éternel, là.

Ainsi, sous la lueur douce d'une lampe complice,
Ils célèbrent leur amour sans artifice,
Chaque instant est gravé dans le livre des âmes,
Comme une douce étoile dans l'infini de leur flamme.

Étreinte sacrée

Les étoiles scintillent dans la soirée apaisée,
Ils se tiennent enlacés, âmes fusionnées,
Dans ce moment sacré où le temps suspend son vol,
Ils savourent l'instant, leur amour comme symbole.

La robe blanche de la mariée, légère comme un souffle,
Évoque la pureté, une promesse exquise,
Le dos délicatement dévoilé, un nœud de satin
Rappelle la fragilité des plus beaux destins.

Ses mains tremblantes agrippent fermement
La taille de l'homme, solide et aimant,
Chaque caresse, chaque frisson, une symphonie,
Un murmure d'amour, un serment infini.

Leurs souffles se mêlent dans une danse douce,
Chaque battement de cœur, une note qui pousse
À croire en l'éternité, à rêver sans fin,
À marcher côte à côte, main dans la main.

Les larmes de joie perlent sur leurs visages,
Reflets de bonheur, souvenirs sans âge,
Ils s'abandonnent dans cette étreinte profonde,
Où chaque seconde vibre, et tout autour se fonde.

Le monde pourrait bien disparaître autour d'eux,
Il ne resterait que cet amour merveilleux
Gravé dans leurs cœurs, plus fort que le temps,
Un lien indéfectible, un serment incandescent.

Les étoiles veillent sur ce couple radieux,
Leur lumière douce éclaire leurs vœux,
Témoins bienveillants d'un amour éclatant,
Un lien éternel, dans le ciel scintillant.

Les mots sont superflus, les regards suffisent,
Chaque geste est une preuve, chaque sourire précise
Que rien ne pourra briser cette foi mutuelle,
Que leur amour survivra, immuable, éternel.

Ils sont deux âmes sœurs, unies par le destin,
Leurs vies entrelacées, chemins sur un même chemin,
Chaque épreuve, chaque joie, ils les partageront,
Dans cette étreinte sacrée, ils se promettent l'horizon.

Sous la lune bienveillante, ils se murmurent des vœux,
Promesses d'amour, échos silencieux,
Chaque étoile une bénédiction, chaque nuit une prière,
Pour que leur amour demeure, éternel et sincère.

Leurs cœurs battent à l'unisson, mélodie d'éternité,
Chaque pulsation une note, symphonie d'affinité,
Ils dansent dans l'obscurité, ombres entrelacées,
Leur amour illuminant la plus belle des vérités.

Ainsi, dans cette étreinte, ils trouvent la paix,
Chaque souffle partagé, chaque baiser donné,
Est une promesse silencieuse, un serment scellé,
Que leur amour est éternel et pour toujours parfait.

Et même lorsque l'aube viendra dissiper la nuit,
Leur amour brillera, tel un soleil inouï,
Guidant leurs pas, éclairant leur chemin,
Dans l'étreinte éternelle, où ils sont destinés à vivre, main dans la main.

Ainsi, sous la lueur douce d'une lampe complice,
Ils célèbrent leur amour, sans artifices.
Chaque instant est gravé dans le livre des âmes ;
Comme une douce étoile dans l'infini de leur flamme.

Déshabille-moi

Dans l'ombre délicate d'un soir indolent,
Tes doigts de velours tissent des rêves d'argent.
Chacun de tes gestes, une douce mélodie,
Chuchote à mon cœur une tendre symphonie.

Déshabille-moi, ô toi, sculpteur des âmes,
Dans un ballet subtil où se consument les flammes.
Effleure ma peau d'une caresse légère,
Comme un souffle de vent sur une mer éphémère.

Les étoffes glissent, révélant le mystère
D'une peau frissonnante sous l'ardeur de l'éclair.
Chaque bouton défait, une promesse exquise,
Un voyage au cœur de nos âmes indivises.

Déshabille-moi, explore chaque contour,
Les secrets enfouis d'un amour sans détour.
Sous la clarté lunaire, nos corps en fusion,
Dessinent des ombres, des rêves, des visions.

Les mots s'évaporent, laissant place aux soupirs,
Symphonie en silence, où naît le désir.
Déshabille-moi, dénoue chaque pensée,
Que la nuit soit complice de nos âmes enlacées.

Dans l'étreinte des heures, l'espace d'un instant,
Deux corps en harmonie sous les cieux flamboyants.
Déshabille-moi, sans hâte, sans frémir,
Que chaque souffle partagé soit une ode au plaisir.

Les ombres s'effacent, et le jour vient s'étendre
Sur deux âmes nues, ivres de s'entendre.
Déshabille-moi, encore et encore,
Que chaque instant soit un éternel trésor.

À travers les draps de notre passion,
Nous sculptons des formes en parfaite fusion.
Les étoiles nous enveloppent de leur éclat,
Nous dansons sur le fil de l'infini et du déjà.

Chaque baiser échangé, une éternité volée,
Un serment muet sous le ciel étoilé.
Dans ce monde de soie et de désirs cachés,
Déshabille-moi encore, fais-moi tout oublier.

L'Appel du désir

Tout chez elle était un appel au désir,
Un feu secret, une étincelle prête à s'épanouir.
Dans son regard brûlait une flamme incandescente,
Et chaque geste, chaque mouvement laissait une empreinte.

Elle marchait avec une grâce qui envoûtait les airs,
Chaque pas résonnait comme un souffle léger, mais sincère.
Sa présence emplissait la pièce d'une douceur invisible,
Comme une promesse, un mystère indicible.

Tout chez elle invitait au rêve, à l'abandon,
Un charme doux, une invitation sans nom.
Ses yeux, comme des miroirs profonds, captivants,
Racontaient des histoires de passion, des récits palpitants.

Son sourire était une caresse douce,
Un frisson qui parcourait, une chaleur qui émousse.
Ses lèvres, pleines de promesses infinies,
Attisaient des désirs, des flammes inassouvies.

Tout chez elle était un appel, un murmure sensuel,
Un parfum envoûtant, un frisson éternel.
Son corps dessinait des courbes que l'on devinait,
Et dans chaque mouvement, l'envie naissait.

Sa voix, un souffle chaud dans l'air du soir,
Résonnait doucement, un écho, un espoir.
Elle parlait comme on murmure des secrets,
Et chaque mot qu'elle disait marquait son effet.

Tout chez elle faisait naître des rêves,
Un soupçon de folie, des désirs sans trêve.
Son regard perçait les âmes, sans effort, sans heurt,
Et dans ce silence, une tempête battait en cœur.

Sa peau, d'une douceur que l'on imaginait parfaite,
Brillait sous la lumière, une invitation secrète.
Tout chez elle était fait pour fasciner,
Pour attirer, pour ensorceler.

Elle avait ce don rare d'enflammer les sens,
De réveiller des désirs sous une apparente innocence.
Ses gestes étaient lents, précis, mesurés,
Mais dans chacun d'eux, une promesse de plaisir caché.

Tout chez elle inspirait un besoin irrésistible,
Un mélange de tendresse et de force invisible.
Elle était à la fois douce et brûlante,
Comme une flamme que rien n'éteint, même vacillante.

Elle n'avait pas besoin de dire un mot pour séduire,
Sa simple présence suffisait à faire jaillir le désir.
C'était dans la façon dont elle posait ses yeux sur le monde,
Qu'elle laissait derrière elle une trace profonde.

Tout chez elle parlait d'amour, de passion,
Sans jamais sombrer dans la vulgarité ou l'illusion.
Elle était ce feu doux, cette lumière tamisée,
Que l'on veut approcher, mais que l'on craint de brûler.

Tout chez elle était un feu sous contrôle,
Un brasier caché derrière un masque de rôle.
Elle jouait ce jeu sans jamais se dévoiler,
Mais ceux qui la regardaient se laissaient envoûter.

Symphonie des sens

Dans le creux de la nuit, où naît le silence,
Un désir brûlant consume mon existence.
Tes mains, tes lèvres, une douce incandescence,
Un feu qui dévore avec une tendre violence.

Fais-moi jouir, ô maître de mes songes,
Enlace mon corps dans un ballet sans mensonges.
Chaque baiser, chaque souffle est une promesse,
D'un plaisir intense qui jamais ne cesse.

La lune complice éclaire notre danse,
Ses rayons caressent notre douce transe.
Fais-moi jouir, découvre chaque endroit,
Dans ce temple sacré où nos âmes se noient.

Ta bouche sur ma peau dessine des chemins,
Des sentiers de plaisir où se perdent nos mains.
Dans la fièvre des corps, chaque frémissement
Est une vague de plaisir, un pur enchantement.

Fais-moi jouir ! Que la nuit soit éternelle,
Que nos souffles mêlés soient une chanson charnelle.
Le temps suspendu au fil de nos caresses
Laisse place à l'extase, à la pure allégresse.

Le monde s'efface, il n'est plus que nos corps,
Fusionnant en un seul, dans un parfait accord.
Fais-moi jouir, comme une étoile filante,
Traçant des arcs d'or dans une course ardente.

Les draps froissés témoignent de notre folie,
D'un plaisir partagé dans une douce agonie.
Fais-moi jouir, encore et encore,
Que chaque instant soit un éternel trésor.

Et lorsque l'aube naîtra, douce et claire,
Nous serons enlacés, ivres de lumière.
Fais-moi jouir, jusqu'à la dernière lueur,
Que nos âmes, en extase, chantent leur bonheur.

Dentelles de désir

Dans l'ombre feutrée des nuits insondables
Les dentelles se glissent, promesses ineffables,
Étoffes délicates, caresses sur la peau,
S'ouvrent aux regards, révélant un chaos.

Les hommes rêvent de ces voiles enfiévrés,
Chaque fil, un soupir, un désir enchaîné,
La dentelle murmure, frissonne sur la peau,
Révélant des mondes où l'amour est fardeau.

Enlacées aux courbes, douces et subtiles,
Les dentelles cachent des trésors fragiles,
Elles s'étirent, se dérobent, jeu de transparence,
Dévoilant les désirs avec une tendre insolence.

Les mains s'aventurent, audacieuses et fiévreuses,
Délient les mystères des dentelles voluptueuses,
Chaque geste est une promesse, chaque effleurement, un jeu,
Les tissus se tendent, puis succombent aux aveux.

Sous ces voiles, les rêves se font fruit,
Les corps se rencontrent, la passion s'écrit,
Les dentelles tombent, révélant l'intimité,
Où chaque baiser est une douce éternité.

Lentement, les voiles glissent, laissent place à la peau,
L'étoffe se fait souvenir, un frisson nouveau,
Les secrets dévoilés, les murmures s'éteignent,
Les dentelles s'effacent, et les âmes s'étreignent.

Dans ce jeu d'ombres et de lumière,
Les dentelles deviennent une ultime prière
Pour des plaisirs charnels, des étreintes infinies,
Où chaque fil tissé raconte une douce folie.

Ainsi, naît de ces dentelles un univers de volupté,
Où chaque geste est promesse, chaque souffle est clarté.
Dans ce ballet de soie, de corps et de soupirs,
Les âmes se perdent, se trouvent, et se délient en plaisir.

Dans l'intimité de la nuit

Un doux halo nimbe la lumière voilée.
Elle se tient là, seule, dans le silence de la nuit,
Ses doigts effleurant doucement la dentelle perlée,
Chaque geste est une caresse, un secret qu'elle poursuit.

Les ombres dansent sur sa peau, reflet d'un rêve,
Tandis qu'elle plonge dans des pensées légères,
Chaque battement de son cœur, une douce trêve,
Un murmure dans l'obscurité, une prière sincère.

Ses cheveux retombent, rideau de soie soyeuse,
Encadrant un visage où se dessine la douceur,
Le regard baissé, elle se fait mystérieuse,
À mi-chemin entre la pudeur et l'ardeur.

Le tissu délicat, brodé de fils d'argent,
Enserre ses formes avec une tendre attention,
Chaque fleur de dentelle, un poème vivant,
Évoquant la beauté dans une douce abstraction.

La nuit l'enveloppe, complice de ses secrets
Dans cette pénombre où tout semble s'évanouir,
Chaque pensée devient une étoile, un projet,
Brillant d'un éclat doux, promesse d'un avenir.

Elle inspire, soupir léger, souffle d'été,
L'air frais glissant sur sa peau nue,
Chaque frisson est une note enchantée,
Dans cette symphonie où le temps s'est suspendu.

Les murmures de la nuit, doux échos lointains,
Bercent ses pensées d'un chant mélodieux,
Chaque son est une promesse, un refrain,
La menant doucement vers des rêves précieux.

Dans ce moment volé, elle est souveraine,
Reine d'un royaume où elle règne en silence,
Chaque instant est précieux, chaque seconde sereine,
Une parenthèse de paix, une douce renaissance.

Le monde extérieur s'efface, disparaît,
Il ne reste que la douceur de l'instant présent,
Chaque respiration, un trésor discret,
Un cadeau offert par le temps bienveillant.

La dentelle, symbole de fragilité,
Renforce sa beauté d'une manière subtile,
Chaque fil tissé raconte une vérité,
Un fragment de son âme, une histoire fertile.

Ainsi, dans le calme de cette nuit étoilée,
Elle se révèle, belle et mystérieuse,
Chaque pensée, chaque rêve, une douce vérité,
Dans ce poème nocturne, elle est majestueuse.

Le temps s'arrête, le monde retient son souffle,
Dans cette danse intime où elle se dévoile,
Chaque geste, chaque regard, est une trouvaille,
Un trésor de la nuit, un instant sans failles.

Et quand l'aube viendra, douce et dorée,
Elle se réveillera, un sourire enchanté,
Emportant avec elle ces secrets partagés,
Dans le cœur de la nuit, où tout a vibré.

Rêveries sur le sable

Elle marche, pieds nus sur le sable doré,
Son voile blanc danse, caressé par le vent,
La mer murmure à ses pieds, secret gardé,
Et l'horizon embrasse un soleil déclinant.

Ses cheveux s'envolent, libres et indomptés,
Comme des vagues sombres dans l'air salé,
Chaque pas laisse une empreinte éphémère,
Témoin silencieux de sa douceur légère.

La robe soyeuse translucide, s'envole,
Chaque mouvement est une histoire, une parole,
Les plis du tissu, flottant au gré du vent,
Évoquent des souvenirs, des rêves d'antan.

Les rayons dorés du soleil couchant
Dessinent sur sa peau des éclats brillants,
L'eau argentée reflète son image,
Comme une nymphe, elle devient mirage.

Les vagues se brisent, symphonie marine,
Chaque éclat d'écume est une perle divine,
La mer, complice de ses pas gracieux,
Raconte à l'écho ses secrets amoureux.

Elle avance, sereine, vers l'infini,
Chaque instant vécu devient une mélodie,
Le sable, l'eau, le vent et la lumière
S'unissent pour créer une danse éphémère.

Les mouettes planent, témoins de ce ballet,
Leurs cris lointains accompagnent ses pensées,
Le ciel s'embrase de teintes orangées,
Dans ce crépuscule, tout semble enchanté.

Ses mains effleurent ses cheveux en cascade,
Gestes doux, empreints de grâce, sans mascarade,
Chaque mouvement est une ode à la beauté,
Dans cette promenade, l'éternité.

La mer, miroir de ses émotions profondes,
Révèle des secrets, des mondes à la ronde,
Chaque vague qui s'écrase sur le rivage
Évoque un souvenir, un doux présage.

Ses pensées voguent, libres comme l'air,
Dans ce crépuscule, tout devient mystère,
Elle rêve, respire, s'évade un instant,
Dans cet univers, tout est apaisant.

L'horizon, frontière entre terre et ciel,
Invite à l'évasion, à l'éternel,
Chaque pas, chaque souffle, chaque regard
Est un fragment de vie, un doux départ.

Le sable sous ses pieds, chaud et accueillant,
Éveille des sensations, des souvenirs vibrants,
Chaque grain est une histoire, un voyage,
Dans cette mer de temps, elle tourne la page.

Elle se retourne, regarde en arrière
Les traces de son passage, un doux mystère,
Chaque pas effacé par l'eau, le vent,
Reste gravé dans le cœur, éternellement.

Elle continue, sereine, vers l'avenir,
Chaque instant est une histoire, un désir,
La mer, le sable, le vent et le ciel
Sont les pages d'un livre intemporel.

Ainsi, elle avance, en parfaite symbiose,
Avec la nature, sa compagne silencieuse,
Chaque pas, chaque souffle, chaque espoir,
Est un hymne à la vie, une pause illusoire.

Dans ce cadre idyllique, elle s'épanouit,
Femme libre, belle, au crépuscule de la vie,
Chaque instant, un trésor à chérir,
Dans cette promenade, tout devient plaisir.

Sous les étoiles

Dans la nuit déserte, sous le ciel étoilé,
Deux âmes s'égarent, de désir enflammées,
Sorties d'un bar, ivresse d'un doux moment,
Elles se trouvent, s'enlacent, dans un lieu charmant.

Son corps s'étend, langoureux et frémissant,
Contre un mur froid, son souffle haletant,
Elle incarne le désir, l'appel sensuel et doux,
Chaque geste, chaque souffle, un rêve voluptueux.

Ses cheveux en cascade, comme une rivière de soie,
Caressent ses épaules nues, délicat émoi,
Chaque courbe de son corps, une promesse envoûtante,
Un murmure à l'aube, une touche captivante.

Son regard, mi-clos, mi-éveillé,
Évoque un monde de plaisirs inavoués,
Ses lèvres, une invitation mystérieuse,
Un doux appel à une union précieuse.

Il la plaque au mur, avec une ardeur sauvage,
Leurs souffles se mêlent, leur désir s'engage,
Ses mains remontent la robe, dévoilent ses cuisses,
Chaque geste est précis, chaque mouvement, une esquisse.

Son string, délicat, en dentelle noire,
Étreint ses hanches, subtil accessoire,
Il glisse doucement, comme une caresse douce,
Le long de ses jambes, en une danse-amorce.

L'impatience brûle, la passion s'enflamme,
Ses doigts glissent sur sa peau, terrain en charme,
Chaque caresse est une promesse sacrée,
Leurs corps s'embrasent dans cette nuit animée.

Leurs lèvres se rencontrent, une fusion de chaleur,
Un mélange de douceur et de force en labeur,
Ils se découvrent, se perdent, se trouvent,
Dans ce ballet intime, leurs âmes se retrouvent.

D'un souffle, elle murmure, "Baise-moi, maintenant",
Un appel à l'union, un désir brûlant,
Il répond par un geste, une étreinte passionnée,
Leurs corps fusionnent, une danse exaltée.

Il la pénètre avec une douceur infinie,
Chaque mouvement est une danse, une harmonie,
Son corps se cambre, vibrant de plaisir,
Son souffle se suspend, un frisson en délire.

Ses yeux se ferment, perdus dans l'intimité,
Chaque fibre de son être vibrant en vérité,
Son corps se tend, se relâche, vague ardente,
Elle s'appuie contre le mur, entre désir et attente.

Elle répond avec une souplesse enivrante, ses hanches se mouvant,
Chaque contact intensifie les sensations, les plaisirs se mêlant,
Son corps devient une symphonie d'extase et de beauté,
Les mouvements sont coordonnés, une danse en réalité.

Leurs corps se mêlent, dans une rythmique sauvage,
Une symphonie de plaisir, sans aucune cage,
Elle ressent chaque pulsation, chaque élan,
Ses ongles s'enfoncent, marquant le moment.

Le monde s'efface, n'existe plus que cet instant,
Une étreinte ardente, un rêve incandescent,
Ils s'élèvent ensemble, au-delà des étoiles,
Dans ce moment de grâce, tout devient idéal.

À Cœur ouvert

Sous le voile de la nuit où les rêves se révèlent,
Mon cœur à nu, mes failles se dévoilent.
Je t'appelle dans un murmure, une douce supplication,
Prends-moi tel que je suis, avec toute ma passion.

Mes défauts sont nombreux, mes ombres sont profondes,
Mais dans tes bras, j'espère une onde.
Prends-moi, malgré mes peurs et mes failles,
Que ton amour éclaire mes ombres et mes batailles.

Chaque cicatrice raconte une histoire,
Des combats perdus, des chutes sans gloire.
Mais en toi, je vois une lumière sincère,
Prends-moi, avec mes fardeaux, mes colères.

Tes yeux, une mer où je pourrais me perdre,
Dans leur clarté, mes ombres vont se fondre.
Prends-moi sans réserve, sans hésitation,
Que ton amour chasse toute déviation.

Je ne suis pas parfait, loin d'être idéal,
Mais mon cœur bat pour toi, sincère et loyal.
Prends-moi avec mes défauts, mes faiblesses,
Que ton amour soit mon refuge, ma forteresse.

Chaque jour est un combat, chaque nuit une quête,
Mais avec toi, chaque instant devient une fête.
Prends-moi même dans mes moments les plus sombres,
Que ton amour illumine mes jours et mes ombres.

Sous les étoiles, je m'incline et te supplie,
De m'aimer tel que je suis, sans faux-semblant, sans bruit.
Prends-moi avec mes erreurs, mes doutes,
Que ton amour soit mon guide, ma route.

Je n'ai rien d'autre à offrir que mon cœur sincère,
Plein de cicatrices, de rêves et de lumière.
Prends-moi avec mes imperfections et mes rêves brisés,
Que ton amour soit le baume, ma réalité.

Si tu m'accueilles avec toutes mes failles,
Je t'offrirai un amour qui ne connaît pas de taille.
Aime-moi sans réserve, sans remords ni crainte,
Que notre amour demeure, à jamais empreinte.

À toi pour toujours

Dans l'intimité de nos moments partagés,
Là où nos émotions se laissent librement exprimer,
Je t'invite à découvrir ce monde enchanté,
Où notre amour éclaire chaque recoin caché.

Fais-moi tienne, murmure à mon cœur exalté,
Que chaque instant avec toi soit un été doré.
Que tes mains explorent, dans une danse ardente,
Les secrets de mon âme, ma passion vibrante.

Nos regards se rencontrent, étincelles dans la nuit,
Deux âmes en quête d'un amour sans bruit.
Fais-moi tienne, dans la douceur d'un baiser,
Que nos cœurs fusionnent, sans jamais hésiter.

La brise nocturne effleure nos corps unis,
Chaque souffle partagé est un serment infini.
Tes lèvres sur ma peau dessinent des chemins,
Chaque frisson résonne comme un doux refrain.

Fais-moi tienne, explore chaque recoin de mon être,
Dans cet univers où nos âmes ont su renaître.
Que tes caresses soient des flammes apaisantes,
Éclairant nos peurs, nos doutes, nos attentes.

Dans le silence complice de cette nuit envoûtée,
Nos corps se fondent, dans une parfaite unité.
Fais-moi tienne, que chaque instant soit un éternel,
Que notre amour rayonne, pur et essentiel.

Le monde extérieur s'efface, ne laissant que nous,
Deux cœurs battant ensemble, contre le temps fou.
Fais-moi tienne, que chaque astre scintillant
Soit le témoin silencieux de cet amour flamboyant.

Et lorsque le jour viendra, illuminant nos visages,
Nous resterons liés, malgré le passage des âges.
Fais-moi tienne, encore et encore,
Que notre amour croisse, plus fort à chaque aurore.

Nos vies entrelacées, comme les fils d'un destin,
Deux âmes fusionnées, marchant main dans la main.
Fais-moi tienne, sans condition ni fin,
Que chaque instant soit un doux chemin divin.

Et lorsque la nuit retombera à nouveau,
Nous nous retrouverons, dans ce rêve si beau.
Fais-moi tienne, toujours, dans chaque souffle vibrant,
Que notre amour soit éternel, puissant, éclatant.

Aime-moi

Dans le jardin secret où nos âmes se mêlent,
Là où les fleurs du désir s'épanouissent sans fiel.
Je t'invite à entrer, à t'abandonner,
Dans cet espace sacré, laisse-moi te charmer.

Nos âmes voyagent sur des ailes d'or,
Vers des horizons où l'amour se déploie encore.
Aime-moi dans cette quête infinie,
Où chaque pas est une promesse bénie.

Les étoiles, témoins de notre douce union,
Éclairent nos cœurs d'une tendre illumination.
Aime-moi ! Que chaque instant soit éternité,
Que chaque souffle partagé soit vérité.

Nos mains s'entrelacent, tissant des rêves d'or,
Chaque caresse, un serment, chaque baiser, un trésor.
Aime-moi, dans la douceur d'une nuit divine,
Que nos cœurs battent à l'unisson, sans trame clandestine.

Les murmures du vent, une douce mélodie,
Portent nos mots d'amour, dans une douce harmonie.
Aime-moi ! Que chaque regard soit une promesse
D'un amour infini, d'une douce liesse.

Sous la lueur de la lune, nos ombres dansent,
Deux âmes enlacées, dans une parfaite transe.
Aime-moi ! Que chaque étoile dans le ciel
Soit le reflet de notre amour éternel.

Même dans l'ombre des tempêtes,
Quand tout vacille et tout s'arrête,

Aime-moi malgré chaque douleur,
Que nos cœurs battent, sans fin, avec ferveur.

Chaque jour avec toi est un cadeau précieux,
Chaque instant partagé, un rêve merveilleux.
Aime-moi, dans la lumière et dans l'obscurité,
Que notre amour soit notre unique réalité.

Nos chemins s'entrelacent, comme les branches d'un arbre,
Deux vies fusionnées, dans un amour sans marbre.
Aime-moi, sans condition, sans réserve,
Que nos âmes s'élèvent, vers des cieux sans réserve.

Et quand la vie nous mettra à l'épreuve,
Que notre amour soit notre force, notre rêve.
Aime-moi, dans chaque sourire, chaque larme,
Que notre amour soit notre bouclier, notre charme.

Nous marcherons ensemble, main dans la main,
Vers l'infini, sur ce doux chemin.
Aime-moi, toujours et pour l'éternité,
Dans ce jardin secret où nos cœurs sont liés.

Et lorsque le temps viendra nous envelopper,
Nos cœurs resteront unis pour l'immensité.
Aime-moi, encore, dans chaque souffle partagé,
Que notre amour soit un poème gravé.

Matins enchantés

Dans les draps blancs, une douce lumière,
Elle s'éveille, entourée de tendresse sincère.
Un message de lui, doux comme un murmure,
Lui parvient, réchauffant son cœur, à l'allure pure.

Elle sourit, cachant son visage sous sa main,
Un geste innocent, reflet de leurs matins.
Ces moments partagés, simples et sereins,
Où le bonheur se dévoile, sans fin ni frein.

Ses pensées la ramènent à la veille au soir,
Où dans ses rêves, il la demande, doux espoir.
Un genou à terre, un anneau scintillant,
Une promesse éternelle, deux cœurs battants.

Chaque petit mouvement, chaque frôlement,
Lui rappelle la beauté des instants présents.
Sa présence fragile, pleine de délicatesse,
La comble d'amour, avec grande tendresse.

Son message est un baume sur son âme,
Apaisant les tourments, rallumant la flamme,
De l'amour pur, sans condition ni fin,
Un lien sacré, où le cœur trouve son chemin.

Dans ce cocon de bonheur, elle se laisse aller,
Ses mots doux dansent, si légers, enchantés.
Sa chaleur à travers l'écran, un doux réconfort,
Un rappel constant que l'amour est plus fort.

Chaque matin, elle s'éveille avec cette joie
De savoir que leur amour est toujours là.
Comme ces mots tendres, doux et fragiles,
Qui dans leurs gestes, éveillent ses îles.

La simplicité d'un sourire, la chaleur d'un regard,
Ces instants partagés où rien n'est hasard,
Où l'amour se révèle dans des éclats de roses,
Un éclat de rire, une caresse, une prose.

Dans ce tableau de tendresse elle trouve sa paix,
Un refuge d'amour, où tout est parfait.
Ces moments volés, ces douceurs infinies,
Lui rappellent que l'amour est une douce harmonie.

Alors, elle garde en elle cette sérénité,
Chaque matin, chaque réveil est un hymne à l'amour,
Ces petits instants, ces bonheurs partagés,
Sont les trésors de leurs jours, leurs plus beaux atours.

Elle se souvient d'un détail intrigant,
Une clé dorée laissée avant,
"Cette clé ouvre un trésor caché dans ton cœur,
Où nos souvenirs se mêlent, secrets et douceurs."

Ainsi, chaque matin est une nouvelle page
D'une histoire d'amour, d'un tendre héritage,
Où chaque mot, chaque geste, chaque regard,
Est une déclaration, un serment sans hasard.

Et elle s'endort chaque nuit, avec certitude
Que leur amour est pur, c'est leur attitude,
Un havre de bonheur, où rien ne peut faillir,
Car leur amour est éternel, il ne peut périr.

Avec ce mystère et cette clé dorée,
Chaque jour devient une quête enchantée.
Découvrir des trésors, des moments de grâce,
Dans cet amour infini qui jamais ne s'efface.

Un week-end en amoureux

Un week-end en amoureux, loin de tout,
Juste toi et moi, sous le ciel doux.
Nous avons laissé le monde derrière ses bruits,
Pour nous offrir un moment hors du temps, un paradis.

La route serpente et le paysage défile,
Mais dans cette voiture, tout est tranquille.
Les rires s'échappent, les mains se frôlent,
Le silence est complice, nos cœurs se cajolent.

Un week-end en amoureux, c'est un voyage dans le temps,
Où chaque instant devient un présent éclatant.
Nous laissons les soucis s'effacer dans le rétroviseur,
Et nous nous concentrons sur ce moment plein de douceur.

Nous arrivons enfin dans ce lieu isolé,
Une petite maison, près d'un lac argenté.
Le calme règne, la nature nous berce,
Et déjà, ton sourire dans l'air se disperse.

Le soir tombe doucement et nous voilà dehors,
Assis sur le porche, contemplant le décor.
Le ciel se teinte de rose, le soleil s'évanouit,
Et dans cette lumière, je vois tout l'amour qui luit.

Un week-end en amoureux, c'est se redécouvrir,
Se parler de tout, de rien, et surtout sourire.
Les mots sont doux, les silences apaisants,
Chaque seconde ensemble devient un doux firmament.

Le feu crépite dans la cheminée, chaleur dans la nuit,
Et dans tes bras, je me sens à l'abri.
Un week-end en amoureux, c'est la douceur d'être là,
Sans rien d'autre à faire que de vivre pleinement cela.

Nous partons en balade à travers champs et forêts,
Main dans la main, sans laisser place aux regrets.
Les oiseaux chantent, les arbres nous regardent,
Et chaque pas dans la nature est un cadeau qu'on garde.

Un week-end en amoureux, c'est ce temps volé,
Ce moment hors du monde où tout semble figé.
Les heures passent, mais nous les vivons pleinement,
Dans cet amour si simple, si pur, si éclatant.

Le soir revient et nous voilà au bord de l'eau,
À regarder les vagues danser sous le manteau.
Le ciel s'embrase une nouvelle fois,
Et dans cette lumière, je me noie dans ton émoi.

Demain, nous reprendrons la route du retour,
Mais ce week-end restera gravé dans nos cœurs pour toujours.
Car dans ces instants partagés, nous avons trouvé,
La beauté d'aimer, de vivre ensemble, d'exister.

C'est toi mon cadeau

C'est toi mon cadeau, celui que je n'attendais pas,
Un trésor inattendu qui est venu sous mes pas.
Comme un souffle léger dans un matin tranquille,
Tu es entré dans ma vie, de manière subtile.

Je n'avais rien demandé, rien espéré d'ailleurs,
Mais tu es arrivé, portant avec toi tant de chaleur.
C'est toi mon cadeau, celui que la vie m'a offert,
Une lumière dans l'ombre, un rayon dans l'éther.

Il y a des présents qu'on déballe avec hâte,
Mais toi, tu es ce trésor que mon cœur capte.
Chaque jour à tes côtés est une douce surprise,
C'est toi mon cadeau, qui à jamais me grise.

Je n'ai besoin de rien d'autre, ni or, ni diamants,
Car ton sourire suffit à combler mes tourments.
Ta présence illumine chaque instant de ma vie,
C'est toi mon trésor, mon éternelle envie.

Tu es la douceur dans un monde souvent brutal,
Un refuge, un abri, une étoile sans égale.
Avec toi, chaque instant devient un moment précieux,
C'est toi mon cadeau, tu fais de la vie un joyau merveilleux.

Dans tes yeux, je découvre des univers secrets,
Des promesses d'éternité que rien ne peut briser.
Tu m'offres la paix, tu m'offres la douceur,
C'est toi mon cadeau, tu habites mon cœur.

Il y a des choses que l'on ne peut acheter,
Des trésors que l'on ne peut qu'apprécier.
Toi, tu es ce présent rare et sans prix,
C'est toi mon cadeau, le plus beau de ma vie.

Je te serre contre moi, comme un trésor précieux,
Avec toi, je me sens invincible, audacieux.
Tu es bien plus qu'un simple amour dans ma vie,
C'est toi mon cadeau, mon bonheur infini.

Chaque regard, chaque geste que tu fais,
Est un rappel que la vie peut être une fête, une vraie.
Tu es ce sourire au matin, ce souffle apaisant,
C'est toi mon cadeau, et je te remercie à chaque instant.

Quand le monde s'effondre, tu restes mon ancrage,
Mon port, mon refuge, mon phare dans l'orage.
C'est toi mon cadeau, mon abri contre les tempêtes,
Celui qui, d'un simple mot, fait disparaître les défaites.

Les jours défilent, et je garde en mémoire,
Que tu es ce trésor venu éclairer mon soir.
Rien ne peut éteindre cette flamme en nous,
C'est toi mon cadeau, toi qui fais briller tout.

Je t'aime comme on aime un présent que l'on chérit,
Avec respect, avec tendresse, avec toute ma vie.
C'est toi mon cadeau, celui que j'attendais sans le savoir,
Et maintenant que tu es là, tout brille dans le noir.

Avec toi, chaque instant devient une célébration,
Un moment précieux, une douce révélation.
C'est toi mon cadeau, et rien ne pourrait remplacer
L'amour que je ressens, l'amour que tu sais donner.

Juste toi et moi

Juste toi et moi, dans ce monde en suspens,
Loin des regards, loin du bruit des gens.
Il n'y a plus de temps, plus de passé, plus d'avenir,
Il n'y a que l'instant, cet instant à saisir.

Juste toi et moi, sous ce ciel étoilé,
Main dans la main, sans rien à prouver.
La nuit nous enveloppe, douce et complice,
Et dans cet instant, tout devient un délice.

Il n'y a plus de doutes, plus de questions,
Il n'y a que nous, et cette sensation.
Cette paix profonde, cette douce chaleur,
Comme si le monde s'était réduit à nos cœurs.

Juste toi et moi, dans cette bulle de lumière,
Loin des tempêtes, loin de la poussière.
Rien d'autre n'existe, rien ne nous atteint,
C'est comme si l'univers s'arrêtait soudain.

Nous sommes là, ensemble, dans ce moment précieux,
Loin des soucis, des choses qui nous rendaient anxieux.
Rien d'autre ne compte, juste cette proximité,
Juste toi et moi, dans une éternité.

Profiter du silence, des mots non échangés,
Savoir qu'on se comprend, sans avoir à parler.
Les regards suffisent à dévoiler nos pensées,
Dans cet instant suspendu, tout devient léger.

Juste toi et moi, c'est une danse sans fin,
Où chaque pas est guidé par un destin certain.
Nous nous suivons, nous nous perdons, mais toujours,
Nous revenons à cet endroit où naquit notre amour.

Chaque instant est précieux, chaque sourire partagé,
Chaque battement de cœur, une promesse gravée.
Nous avançons ensemble, guidés par nos élans,
À deux, tout devient plus doux, tout devient captivant.

Nos peurs, nos doutes s'effacent sous la clarté
De cet amour qui brûle sans jamais s'essouffler.
Nous avançons, main dans la main, en silence,
Juste toi et moi, dans cette douce alliance.

Juste toi et moi, c'est un rêve éveillé,
Un voyage infini que rien ne peut freiner.
Chaque jour est une découverte, une nouvelle danse,
Où chaque geste, chaque mot, a sa propre importance.

Nous avons nos tempêtes, nos jours de pluie,
Mais à chaque instant, nous trouvons un abri
Car rien ne peut briser ce lien invisible,
Ce fil d'or qui nous unit, si précieux, si invincible.

Le temps peut bien passer, les saisons défiler,
Nous resterons là, main dans la main, à aimer.
Nous avons fait de l'amour notre plus belle aventure,
Et dans cet instant, tout devient une peinture.

Juste toi et moi, c'est plus qu'une histoire,
C'est une promesse gravée dans le miroir.
C'est un rêve partagé, une vérité douce,
Que rien ni personne ne peut en détruire la source.

Toi, uniquement toi

Toi, uniquement toi, dans cet océan de vies,
Quand tout autour s'agite, toi seul es mon abri.
Je traverse des foules, des visages, des regards,
Mais c'est toi, uniquement toi, que je cherche quelque part.

Tu es le pilier de mon monde, l'ancre de mon âme,
Dans le tourbillon de la vie, c'est toi que mon cœur réclame.
Quand tout vacille, quand tout s'effondre doucement,
Toi, uniquement toi, es mon roc, mon firmament.

Il y a tant de voix, tant de bruits, tant de sons,
Mais c'est ta voix, douce et claire, qui résonne comme un nom.
Je m'accroche à toi comme un marin à son étoile,
Toi, uniquement toi, es la lumière qui dévale.

Dans ce monde qui court, où tout semble flou,
Tu es mon repère, mon refuge, mon tout.
Je pourrais tout perdre, oublier qui je suis,
Mais toi, uniquement toi, resterais dans ma vie.

Ton sourire est comme un soleil qui réchauffe mes jours,
Ta présence est une promesse d'un amour sans détour.
Toi, uniquement toi, fais battre mon cœur,
Dans le calme comme dans la tempête, tu es mon bonheur.

Toi, uniquement toi, dans ce vaste univers,
Quand tout paraît flou, c'est toi qui m'éclaires.
Peu importe où je vais, peu importe où je me perds,
C'est vers toi que je reviendrai, toi qui me libères.

Tu es le souffle qui fait vibrer mes silences,
Le murmure de mes nuits, ma plus douce présence.
Toi, uniquement toi, dans ce monde enflammé,
Es celui que mon cœur ne pourra jamais abandonner.

Les saisons passent, les années s'effacent,
Mais toi, uniquement toi, restes dans ma trace.
Dans chaque instant, dans chaque souvenir,
C'est toi qui reviens, toi qui fais revivre mon désir.

Dans tes bras, je trouve la paix que je cherche ailleurs,
Toi, uniquement toi, sais calmer mes peurs.
Quand le monde semble trop grand, trop cruel, trop rapide,
C'est toi qui ralentis le temps, qui fais fondre le vide.

Je t'ai aimé dès le premier jour, sans savoir pourquoi,
Et chaque jour qui passe ne fait que renforcer cette foi.
Toi, uniquement toi, es mon soleil et ma pluie,
Mon refuge, ma force, l'horizon de ma vie.

Même dans les moments de doute, de chagrin,
Toi, uniquement toi, restes gravé dans mes mains.
Ton nom est un chant que je porte dans mon cœur,
Un refrain qui me guide, qui me donne des couleurs.

Il y a des millions d'âmes qui croisent notre chemin,
Mais toi, uniquement toi, es celui qui fait tout bien.
Je pourrais passer mille vies à chercher quelqu'un d'autre,
Mais toi, uniquement toi, es ma plus belle rencontre.

Les ombres de ton absence

Dans la pénombre d'une chambre abandonnée,
Ton absence résonne, une douleur confinée.
Chaque recoin murmure ton nom effacé,
Et mon cœur se brise en fragments dispersés.

Ton absence m'engloutit, un feu sans répit,
Chaque jour sans toi est une plaie qui suppure.
Les souvenirs s'effacent, comme une ombre qui fuit,
Mais la douleur persiste, une peine qui perdure.

Les éclats de rire, jadis pleins de vie,
Résonnaient dans ces murs, maintenant déserts et gris.
Ton absence m'engloutit, à chaque battement,
Un vide infini, un abîme angoissant.

Les étoiles brillent, témoins de mon chagrin,
Leur éclat ne peut apaiser mon destin.
Ton absence m'engloutit, dans chaque regard,
Cherchant désespérément ton ombre quelque part.

Les jours passent, mais le temps est figé,
Chaque seconde sans toi est une éternité.
Ton absence m'engloutit, dans cette solitude,
Une mer sans fin, un océan de lassitude.

Les nuits sont longues, pleines de rêves brisés,
Ton absence pèse, une douleur inépuisée.
Je crie ton nom, mais seul l'écho répond,
Ton absence m'engloutit dans ce vide profond.

Chaque coin de cette maison garde ton empreinte,
Ton parfum flotte encore, souvenir d'une étreinte.
Ton absence m'engloutit, dans chaque souvenir,
Un amour perdu, une flamme qui ne cesse de mourir.

Le monde continue, indifférent à ma peine,
Mais sans toi, chaque jour est une chaîne.
Ton absence m'engloutit, un feu sans fin,
Un amour brûlant, sans toi, sans lendemain.

Et pourtant, dans ce chagrin, une lueur persiste,
Un espoir fragile, un rêve qui résiste.
Ton absence m'engloutit, mais ton amour reste,
Une flamme éternelle, même dans cette tempête.

Alors je vis, malgré cette douleur,
Gardant ton souvenir, mon seul bonheur.
Ton absence m'engloutit, mais je ne lâcherai pas,
Car ton amour est en moi, éternel éclat.

Elle aime deux hommes

Elle aime deux hommes, et son cœur est en tempête,
Entre deux océans, elle se perd, elle s'apprête.
L'un est un rêve doux, un ciel tranquille et sûr,
L'autre est un orage, brûlant, intense et pur.

Elle aime deux hommes, dans des mondes différents,
L'un la rassure, l'autre l'entraîne dans le vent.
Le premier est un havre, doux et rassurant,
Le second, un brasier, intense et captivant.

Elle aime deux hommes, et chaque regard,
Qu'elle leur lance, est un secret, un écart.
Elle danse entre deux vies, entre deux cœurs,
Et dans ses pas hésitants, elle cherche sa lueur.

Avec l'un, elle se sent libre, légère comme l'air,
Il est sa constance, son port, son repère.
Avec l'autre, elle flambe, s'envole dans le tourment,
Il est cette fièvre douce, cet amour dévorant.

Elle aime deux hommes, et son âme est partagée,
Entre la tendresse d'hier et la passion embrasée.
Elle cherche la paix dans l'amour rassurant,
Mais se perd dans le feu qui brûle à tout instant.

Elle aime deux hommes, mais elle sait qu'elle se perd,
Entre ces deux chemins, entre ces deux mystères.
Peut-elle aimer sans se déchirer, sans faillir ?
Peut-elle donner tout son cœur, sans jamais fuir ?

Avec l'un, elle voit l'avenir, une vie douce et paisible,
Avec l'autre, c'est l'instant présent, un bonheur imprévisible.
L'un construit des rêves de longue durée,
L'autre consume chaque jour avec intensité.

Elle aime deux hommes, et chaque choix est un tourment,
Car son cœur bat pour deux, dans un même élan.
Elle voudrait pouvoir les aimer sans devoir choisir,
Mais l'amour est souvent une route qu'on ne peut diviser.

Elle aime deux hommes, et elle devra choisir,
Entre la sérénité du jour et la nuit qui la fait frémir.
Elle ne peut plus rester à mi-chemin entre les deux,
Elle doit suivre son cœur, même si cela fait pleurer ses yeux.

Elle aime deux hommes, et ce dilemme l'oppresse,
Tiraillée entre deux amours, entre deux tendresses.
Comment laisser partir l'un sans briser son cœur ?
Comment aimer l'autre sans trahir sa douceur ?

Elle aime deux hommes, et c'est là son combat,
De savoir qui elle est, de savoir qui elle aimera.
L'un est son ancre, l'autre est son envol,
Et elle sait que, tôt ou tard, elle devra choisir son rôle.

C'est une femme

C'est une femme qui sait que son homme aime ailleurs,
Ses jours sont des ombres, ses nuits, pleines de peur.
Chaque sourire qu'il offre ne lui est plus destiné,
Chaque regard, chaque geste semble l'abandonner.

Elle porte en elle la douleur du silence,
Voyant son amour se perdre dans l'absence.
Chaque instant partagé avec une autre âme,
Elle espère toujours, malgré son drame.

C'est une femme qui ressent le poids du rejet,
Mais dont l'amour persiste malgré l'amer secret.
Chaque souvenir d'eux est une épine dans sa chair,
Chaque pensée la plonge dans une mer de lumière.

Elle lutte contre la vérité qu'elle voit,
Mais son cœur reste pris dans un filet de soie.
Même partagé, son amour demeure entier,
Elle rêve d'un retour, d'un espoir enchanté.

Elle tente de sourire malgré la peine,
Porte en silence ce fardeau qui l'enchaîne.
Son homme trouve ailleurs un éclat,
Mais elle, elle ne peut effacer ce qu'elle a.

Elle rêve encore des jours d'autrefois,
Où chaque instant était baigné de joie.
Les souvenirs de lui transpercent son cœur,
Mais chaque rêve ravive une flamme de douleur.

Son amour est une flamme qui brûle,
Même lorsque la vérité la bouscule.
Bien qu'elle sache son cœur partagé,
Son amour reste fort, malgré la réalité.

Elle le regarde partir vers une autre, sans détour,
Avec dignité, elle accepte son amour.
Son amour est précieux, fort et silencieux,
Mais son cœur continue d'espérer un adieu.

Elle aime malgré tout, malgré la peur,
Son amour brille, même dans l'erreur.
Elle refuse d'effacer les souvenirs,
Même si cela la pousse vers le pire.

Ses larmes invisibles coulent dans la nuit,
Mais elle garde en elle ce qu'elle fuit.
Elle sait que son homme ne reviendra plus,
Pourtant, son cœur garde espoir malgré le reflux.

Malgré la distance, elle est encore là,
Son amour ne faiblit pas, ne se noie pas.
Chaque instant est une preuve d'amour,
Une fidélité qui dure toujours.

Elle pleure en secret, mais garde la tête haute,
Même si le monde lui semble une faute.
Son amour est une lumière persistante,
Dans la nuit, une flamme éclatante.

C'est une femme dont le cœur, bien que brisé,
Reste ouvert à l'espoir, à l'amour révélé.
Elle continue d'aimer, malgré la fureur,
Car pour elle, l'amour est une douce chaleur.

Elle sait que son amour ne s'éteindra jamais,
Quoi qu'il arrive, malgré ce qu'elle a payé.
Son cœur battra toujours pour cet homme lointain,
Car l'amour, pour elle, n'aura jamais de fin.

Elle lui mentait

Elle lui mentait, chaque jour, chaque soir,
Derrière ses sourires doux et ses regards d'espoir.
Elle construisait un monde fait de fausses promesses,
Des histoires tissées de silences et de caresses.

Il la regardait, croyant en sa sincérité,
Voyant en elle un amour sans altérité.
Il croyait chaque mot, chaque souffle partagé,
Sans jamais se douter qu'en elle, tout était faussé.

Elle lui mentait avec une telle douceur,
Que même les mensonges prenaient une teinte de bonheur.
Elle savait choisir ses mots, ses silences, ses regards,
Et dans cet art subtil, elle dressait des remparts.

Elle mentait quand elle disait l'aimer sans détour,
Quand elle promettait de rester toujours.
Elle jouait un rôle parfait, dans cette pièce de théâtre,
Sans jamais montrer les failles qui pouvaient apparaître.

Ses mensonges étaient des pétales de roses,
Déposées délicatement sur ses rêves moroses.
Elle nourrissait son cœur de faux élans,
Le laissant croire que tout était vrai, que tout était grand.

Elle lui mentait, et il ne voyait rien,
Aveuglé par cet amour qu'il croyait sien.
Il l'aimait avec une passion sans fin,
Ne voyant pas les tempêtes qui guettaient son chemin.

Elle mentait quand elle disait qu'elle reviendrait,
Que jamais elle ne partirait, qu'elle l'aimait.
Mais dans ses yeux, il y avait un éclat de doute,
Un reflet lointain d'un autre chemin, une autre route.

Elle jouait si bien ce rôle de l'amante parfaite,
Que chaque mensonge devenait une vérité secrète.
Il la voyait comme une reine, comme un trésor,
Sans jamais comprendre qu'elle cachait un autre décor.

Elle mentait pour le protéger, pour ne pas le blesser,
Mais en vérité, elle le trahissait à chaque mot prononcé.
Elle savait que la vérité ferait trop de mal,
Alors elle cachait tout, tissant un voile idéal.

Elle lui mentait, et il continuait d'y croire,
Parce qu'il ne voyait que l'amour dans leur histoire.
Il ne voulait pas voir les failles dans son sourire,
Ni les mensonges qui s'accumulaient sans un soupir.

Elle mentait pour ne pas le perdre, pour préserver l'illusion,
Mais chaque mensonge devenait une nouvelle trahison.
Elle savait qu'un jour, tout finirait par éclater,
Que ses mensonges finiraient par être dévoilés.

Elle lui mentait, et ça la brûlait de l'intérieur,
Ne sachant plus comment échapper à cette erreur.
Elle avait tissé une toile si dense, si obscure,
Qu'elle ne voyait plus d'issue, prisonnière de sa propre armure.

Elle lui mentait, et le regret était là,
Comme un fantôme dans leur lit, une ombre sous leurs draps.
Elle savait que tout finirait par se briser,
Mais elle continuait de mentir, incapable de tout avouer.

Elle lui mentait, et chaque jour devenait plus lourd,
Mais elle continuait, prise au piège de ce faux amour.
Elle l'aimait peut-être, d'une manière déformée,
Mais ses mensonges finiraient par tout dévaster.

Elle se tape un autre mec

Elle se tape un autre mec, et je le sais maintenant,
C'est comme un coup de poing, un souffle coupé, violent.
Tout ce que je croyais solide, tout ce que je croyais vrai,
S'effondre devant moi, dans un fracas discret.

Je l'aimais, ou du moins je pensais que c'était le cas,
Je croyais qu'entre nous, rien ne briserait ce lien-là.
Mais voilà, elle se tape un autre mec, sans regret,
Et moi je reste là, à encaisser ce qu'il en est.

Les regards, les sourires, tout me revient en mémoire,
Je repense à ces moments où elle semblait y croire.
Je me demande quand tout a basculé,
Quand nos nuits à deux se sont effacées, égarées.

Elle se tape un autre mec, et je me demande pourquoi,
Qu'est-ce que je n'ai pas vu, qui manquait entre elle et moi ?
Était-ce les silences, les absences, ces instants futiles,
Où nous nous éloignions sans savoir que c'était si fragile ?

Je ne l'ai pas vu venir, ce coup, ce mensonge,
Elle se tapait un autre mec, dans un autre songe.
Nos moments à deux, ces rires, ces gestes,
Tout cela semble si loin maintenant, comme un reste.

Je la vois dans mes souvenirs, son sourire éclatant,
Mais derrière ce masque, il y avait déjà un autre amant.
Comment ai-je pu être aveugle à ce qui se passait ?
À ses gestes, ses regards, aux signes qui s'éteignaient ?

Elle se tape un autre mec, et je dois faire face,
À cette réalité amère qui me glace.
Je me dis que peut-être, j'aurais dû être plus attentif,
Mais est-ce vraiment de ma faute, ou un choix définitif ?

Il y avait sans doute des indices, des signaux cachés,
Mais je ne voulais pas les voir, je ne pouvais les toucher.
Je pensais que notre amour serait plus fort que tout,
Mais elle se tape un autre mec, et me laisse seul, debout.

Je l'imagine avec lui, leurs moments partagés,
Chaque baiser, chaque étreinte qu'elle m'a volés.
Elle a choisi ce chemin, loin de ce que nous étions,
Elle se tape un autre mec, effaçant nos illusions.

Le pire, ce n'est pas l'acte, ce n'est pas la trahison,
C'est de comprendre que, quelque part, elle avait déjà fait sa transition.
Elle se tapait un autre mec dans sa tête bien avant,
Et moi, je n'étais qu'un souvenir, déjà évanescent.

Je ne comprends pas comment on en est arrivés là,
À cette distance, à cet abîme entre toi et moi.
Je croyais que nos rêves étaient encore intacts,
Mais elle se tape un autre mec, c'est là le vrai pacte.

Je devrais peut-être partir, la laisser à sa vie,
Mais je suis encore là, figé, sans envie.
Je me demande ce qui nous a séparés si vite,
Ce qui l'a poussée vers lui, vers cette fuite.

Elle se tape un autre mec, et je dois l'accepter,
C'est une vérité amère que je dois digérer.
Elle a suivi une route loin de nos espoirs,
Et je reste ici, seul avec mes déboires.

Est-ce qu'elle pense à moi, parfois, dans ses bras ?
Est-ce qu'elle se souvient de ce que nous étions, autrefois ?
Je me demande si tout ça a du sens,
Ou si je suis juste une page tournée, sans importance.

Elle se tape un autre mec, et moi je m'éteins,
Dans le silence de mes nuits, dans ce vide qui vient.
Je croyais que l'amour pouvait tout réparer,
Mais elle se tape un autre mec, et rien ne peut plus changer.

Elle a un amant

Elle a un amant, je le sais maintenant,
C'est dans ses silences que tout s'est révélé lentement.
Les regards fuyants, les excuses répétées,
Me laissent entrevoir un secret bien caché.

Il y a des nuits où elle est ailleurs, perdue,
Son esprit vagabonde, loin de tout ce que j'ai cru.
Elle a un amant, et c'est une certitude,
Quelque chose en elle a changé, une étrange attitude.

Je me rappelle nos rires, nos étreintes si vives,
Mais aujourd'hui, tout semble fragile, tout semble dérive.
Les moments passés ensemble ont perdu de leur éclat,
Car elle a un amant, et je sens que tout s'en va.

Elle m'avait promis tant de choses, tant d'amour,
Mais à présent, chaque mot échangé est lourd.
Je l'observe dans ses gestes, dans ses manières si douces,
Et je comprends que quelque chose en elle s'efface, glisse et pousse.

Elle a un amant, je ne peux plus le nier,
C'est une vérité amère qui me laisse désarmé.
Je la vois s'éloigner, même quand elle est près de moi,
Et cette distance invisible me brise à chaque fois.

Les nuits deviennent longues, marquées par l'absence,
Même quand elle est là, je sens son indifférence.
Elle me parle de banalités, de rien d'important,
Mais derrière ses mots, il y a cet autre, cet amant.

Je me demande ce qu'il lui offre que je n'ai pas su donner,
Est-ce la passion perdue, ou un désir insensé ?

Peut-être que je l'ai négligée, sans comprendre sa voix
Les signes avant-coureurs que son amour s'éloignait de moi.

Elle a un amant, et tout devient différent,
Nos baisers ne sont plus les mêmes, ils sont dénués de sens.
Je cherche dans ses yeux ce qu'elle ne dit pas,
Mais je trouve seulement un vide, un silence qui hurle bas.

Je m'accroche à nos souvenirs, à ce que nous étions,
Mais je sens que tout cela n'est plus qu'illusion.
Elle a un amant, et je dois faire face
À cette réalité cruelle qui efface toutes nos traces.

Je me demande comment on en est arrivés là,
À cette distance grandissante entre elle et moi.
Est-ce le temps qui nous a éloignés sans qu'on le voie,
Ou est-ce simplement l'usure des jours qui fait sa loi ?

Elle a un amant, et je suis pris dans ce piège,
Dans ce tourment silencieux qui peu à peu m'assiège.
J'essaie de comprendre, de trouver une raison,
Mais tout ce que je trouve, c'est une immense désillusion.

Elle rentre tard, plus souvent qu'avant,
Prétextant des réunions, des rendez-vous évidents.
Mais je sais qu'elle est avec lui, qu'elle vit un autre moment,
Un instant volé, loin de ce que nous étions vraiment.

Elle a un amant, et je ne suis plus qu'une ombre,
Un souvenir effacé dans une histoire qui sombre.
Je la vois sourire quand elle pense à lui,
Et moi, je m'efface, dans cette nuit infinie.

Je me demande ce qu'ils partagent, ces secrets murmurés,
Des mots doux, les promesses qu'elle a oubliées.

Elle a trouvé dans ses bras un refuge, un élan,
Et moi, je ne suis plus qu'un fantôme errant.

Elle a un amant, et je dois accepter
Cette trahison qui me laisse dévasté.
Elle a choisi un autre chemin, un autre cœur,
Et moi, je reste là, seul face à ma douleur.

Scène de ménage

Les éclats de voix résonnent dans la maison,
Un orage soudain, sans avertissement, sans raison.
Les mots s'entrechoquent, se heurtent, se blessent,
Et dans cette tempête, plus rien ne reste.

Un mot de toi, puis un autre, qui me transperce,
Je réplique, et la colère monte, elle nous berce.
Nos regards se figent, nos silences s'enflamment,
Et dans nos cœurs, l'amour vacille, perdant son âme.

Les gestes se font brusques, les portes claquent,
Chacun dans son coin, chacun dans son acte.
Tu tournes en rond, moi je reste figé
Dans cette danse amère où nos cœurs sont blessés.

Les reproches fusent, les vieux griefs refont surface,
Des mots que l'on croyait enterrés refont leur trace.
Et dans cette scène où tout semble s'effondrer,
Nous oublions pour un instant que nous nous sommes aimés.

Je t'accuse de choses que je ne pensais pas,
Et toi, tu réponds avec des mots qui me laissent là.
C'est un combat invisible, mais qui fait des ravages,
Une scène de ménage, où l'amour devient naufrage.

Tu dis que je ne comprends jamais, que je ne t'écoute pas,
Je rétorque que tu en demandes trop, que je ne suis pas là.
Les mots s'accumulent, comme des pierres entre nous,
Et dans ce fossé qui se creuse, tout semble flou.

C'est une scène de ménage, encore une fois,
Où chaque mot lancé nous blesse, nous noie.
Mais au fond de nous, il y a cette peur sourde,
Que cette fois, cette dispute devienne une onde lourde.

Et puis, il y a ce silence qui s'installe soudain,
Comme un mur invisible, dressé entre nos mains.
Plus un mot, plus un cri, juste ce vide oppressant,
Et dans ce silence, nos cœurs battent encore plus lentement.

Nous restons là, figés dans cet instant de glace,
Chacun de notre côté, cherchant une trace.
Une trace de l'amour, une trace du passé,
De ces jours où tout semblait simple, où tout était léger.

Je m'approche de toi, hésitant, vulnérable,
Ton regard me fixe, indéchiffrable.
Ce n'est pas la haine, ce n'est pas l'oubli,
C'est cette peur que l'on a, de perdre ce qui nous lie.

Je pose ma main sur la tienne, doucement,
Et dans ce geste, je sens un frémissement.
Les mots n'ont plus leur place, c'est le silence qui parle,
Et dans cet instant, je sens que tout s'apaise, tout dévale.

Une scène de ménage, ce n'est jamais facile,
C'est un moment où l'on se blesse, où tout devient fragile.
Mais sous la colère, il y a cet amour qui survit,
Cet amour qui résiste, malgré les coups, malgré l'envie.

Peu à peu, dans ce silence apaisant, nous nous retrouvons,
Nos cœurs battent encore, mais plus doux, plus profonds.
Dans tes yeux, je lis que tu es restée près de moi,
Et sans un mot, je te promets que je suis toujours là.

C'était une scène de ménage, une tempête passagère,
Où nous avons perdu nos repères, où tout semblait amer.
Mais sous les éclats de voix, il y a cette vérité,
Nous sommes encore liés par un amour sincère, un amour entier

Tu risques de la perdre

Tu risques de la perdre, elle qui t'a tant aimé,
Elle qui, dans l'ombre, a tant donné.
Chaque sourire, chaque regard que tu lui voles,
Sont des larmes invisibles qu'elle cache sous son rôle.

Tu risques de la perdre, si tu ne vois pas
Les fissures qui grandissent, le froid sous ses pas.
Elle qui, hier encore, te regardait avec passion,
Commence à s'effacer, à douter de ses raisons.

Elle t'a donné son cœur, fragile, sincère,
Tu l'as tenu entre tes mains, mais sans plus y faire.
Elle voulait un amour, fort et vivant,
Mais toi, tu l'as laissé se perdre dans le vent.

Tu risques de la perdre, dans ce silence pesant,
Où les promesses s'éloignent, où s'efface le présent.
Elle a rêvé de vous deux, dans des nuits sans fin,
Mais aujourd'hui, elle se demande où est passé ce chemin.

Tu risques de la perdre, si tu ne changes rien,
Si tu continues à prétendre que tout va bien.
Elle a crié son amour, elle a espéré tes bras,
Mais ses cris ont été emportés par des vents trop froids.

Elle voulait être ta complice, ton amie, ton tout,
Mais tu l'as laissée seule, noyée dans le flou.
Ses yeux cherchent encore, dans le reflet de tes prunelles,
Cette flamme qui brillait, autrefois si belle.

Chaque petite absence, chaque mot non dit,
A fait grandir en elle ce sentiment infini,
De n'être plus qu'une ombre, une silhouette à tes côtés,
Alors que jadis, elle était ton monde, ta réalité.

Tu risques de la perdre, et le temps presse,
Si tu ne retrouves pas ce chemin de tendresse.
Elle se lasse d'attendre, de porter seule ce poids,
De t'aimer encore, mais de ne plus te reconnaître parfois.

Elle se souvient de vos rires, de vos moments enchantés,
Mais aujourd'hui, elle doute de tout ce qui a été.
Tu risques de la perdre, dans le tumulte des jours,
Si tu n'apprends pas à raviver cet amour.

Elle s'est battue pour vous, pour cet amour précieux,
Mais elle doute maintenant, et son cœur devient silencieux.
Elle se referme doucement, sans bruit, sans éclat,
Se sentant oubliée, dans cet amour qui s'éloigne déjà.

Tu risques de la perdre, si tu ne fais rien,
Elle qui t'aimait tant, qui te voulait pour demain.
Elle est encore là, mais pour combien de temps ?
Car chaque jour sans toi l'éloigne un peu plus du présent.

Regarde-la bien, elle s'efface sous tes yeux,
Elle qui voulait être ta lumière, ton feu.
Mais tu ne la vois plus, tu es ailleurs,
Et elle pleure en silence, en cachant sa douleur.

Tu risques de la perdre, et quand tu comprendras,
Il sera peut-être trop tard pour l'avoir dans tes bras.
Elle t'a offert mille espoirs, elle t'a attendu des années,
Mais l'amour s'éteint doucement quand il n'est plus cultivé.

Elle avait l'air heureuse

Elle avait l'air heureuse, son sourire éclatant,
Comme une lumière douce sous le ciel brûlant.
Ses rires s'envolaient, légers, dans l'air du matin,
Et ses pas dansaient sur le chemin incertain.

Elle avait l'air heureuse, à la vue de tous,
Ses yeux brillaient comme des étoiles, tout semblait si doux.
On la voyait passer, gracieuse, sereine,
Portant sur ses épaules une vie sans peine.

Mais derrière ce sourire radieux, ce masque léger,
Se cachait une histoire que peu auraient devinée.
Car sous le poids de la joie qu'elle semblait offrir,
Il y avait des larmes qu'elle ne laissait jamais fuir.

Elle avançait dans la vie avec tant de grâce,
Mais chaque pas cachait une chute, une impasse.
Ses larmes coulaient en silence, loin des regards,
Elle se cachait si bien, derrière son sourire blafard.

Elle souriait quand on la voyait, elle riait sans frein,
Mais dans ses nuits solitaires, elle noyait son chagrin.
Personne ne pouvait percevoir ses appels déchirants,
Car elle cachait ses rêves, ses espoirs mourants.

Elle riait aux éclats, comme si tout allait bien,
Mais dans ses nuits secrètes, elle cherchait son chemin.
Elle cachait ses doutes derrière ses yeux brillants,
Elle avançait malgré tout, portée par les courants.

Elle avait l'air heureuse, forte, imperturbable,
Mais à l'intérieur, elle se sentait vulnérable.
Elle portait des rêves brisés, des espoirs fuyants,
Mais son masque restait intact, toujours flamboyant.

Et pourtant, sous ce masque de bonheur affiché,
Il y avait des rêves qu'elle n'osait plus toucher.
Elle voulait croire qu'un jour, tout s'éclaircirait,
Que derrière les nuages, enfin, elle existerait.

Elle avait l'air heureuse, mais elle était seule,
Seule avec ses pensées, dans ses nuits qui la veulent.
Elle se sentait prisonnière de ce rôle parfait,
Où tout devait sembler bien, où tout devait être prêt.

Elle avançait chaque jour, l'air radieux, si légère,
Mais en elle-même, elle portait une guerre.
Un combat silencieux contre ses propres peurs,
Qu'elle cachait si bien sous ce masque de bonheur.

Elle souriait quand on la voyait, elle riait sans frein,
Mais dans ses nuits solitaires, elle noyait son chagrin.
Personne ne voyait ses larmes silencieuses,
Car elle cachait ses peines, ses pensées douloureuses.

Elle rêvait d'un monde où elle pourrait enfin être,
Où elle n'aurait plus à paraître, où elle pourrait renaître.
Mais en elle-même, elle portait une guerre,
Un combat silencieux sous un sourire fier.

Les cicatrices de la trahison

Il est des cicatrices invisibles, plus profondes que la chair,
Des blessures qui ne guérissent jamais, laissées par des mains familières,
Lorsque la confiance se brise, éclatée comme du cristal clair,
Et que l'ombre de la trahison enveloppe l'âme dans son voile amer.

Il est des trahisons qui naissent dans les sourires,
Des promesses susurrées, des mots doux qui inspirent,
Mais derrière chaque caresse, chaque regard tendre,
Se cache parfois un venin, prêt à nous surprendre.

Quand le cœur est ouvert, vulnérable et confiant,
Chaque mensonge est un coup, chaque faux pas un tourment,
Les amis deviennent ennemis, les alliés se retournent,
Et l'amour, autrefois si fort, dans la douleur se détourne.

Il est des trahisons qui rongent l'esprit,
Des nuits sans sommeil, des souvenirs qui s'inscrivent,
Les rêves s'étiolent, l'espoir se détruit,
Et chaque nouvelle journée devient un défi qui s'achève.

Ces trahisons laissent des marques, des stigmates invisibles,
Des empreintes profondes, des douleurs indicibles,
Chaque sourire devient suspect, chaque mot une menace,
Et la solitude s'installe, une compagne tenace.

Mais dans ces ténèbres, une force émerge,
Une résilience née de la douleur, une lumière qui submerge,
Car chaque cicatrice est une leçon, une preuve de survie,
Un rappel constant de notre force infinie.

Il est des trahisons qui nous rendent plus sages,
Qui forgent notre caractère, sculptent notre courage,

Elles nous apprennent à discerner, à voir au-delà des apparences,
À reconnaître les vérités cachées, à ne plus vivre dans
l'ignorance.

Les cicatrices de la trahison sont des témoins silencieux,
Des histoires gravées dans la chair, des récits douloureux,
Mais elles deviennent des phares, des guides précieux,
Nous montrant le chemin, même quand tout est nébuleux.

Elles nous rappellent que la vie est faite de hauts et de bas,
Que même les pires trahisons ne peuvent briser notre foi,
Car au fond de chaque cœur blessé, une flamme persiste,
Un désir de se relever, de vivre, même quand tout semble triste.

Il est des trahisons qui marquent à jamais,
Mais elles sont aussi des chapitres et des souhaits,
Des pages sombres, certes, mais nécessaires,
Pour comprendre notre force, pour voir nos lumières.

Un cœur en ruine

Mon cœur est une ruine, une citadelle effondrée,
Les murs sont fissurés, les fondations ébranlées.
Autrefois solide, fier, il tenait bon contre les tempêtes,
Mais aujourd'hui, il n'est que poussière, qu'échos de défaites.

Les souvenirs s'accrochent aux pierres brisées,
Comme des fantômes errants, jamais apaisés.
Chaque pierre de cet amour, autrefois puissant,
S'est effondrée sous le poids de ton absence pesant.

Je parcours les décombres de ce que nous étions,
Une vaste étendue de rêves détruits, d'illusions.
Les promesses, ces mots doux gravés dans la pierre,
S'effacent sous la pluie des larmes, sous le vent amer.

Il ne reste que des ruines, des restes de nous,
Un cœur en lambeaux, dévasté par les coups.
Les fleurs qui poussaient entre nos tendresses,
Ont fané sous l'absence, ont perdu leur liesse.

Un cœur en ruine, voilà ce que je suis,
Perdu dans ce labyrinthe où l'amour a péri.
J'essaye de reconstruire, de redresser les murs,
Mais chaque tentative me ramène à cette blessure.

Les fenêtres de mon âme sont brisées, sans lumière,
Là où passaient nos rires, nos espoirs sincères.
Je regarde ces vestiges d'un amour effondré,
Et je me demande comment on a pu tout briser.

Les vents soufflent à travers les trous béants,
Ils emportent les derniers éclats de nos moments.
Chaque baiser, chaque étreinte, chaque mot tendre,
Ne sont plus que des ombres que je tente de reprendre.

Un cœur en ruine, laissé à l'abandon,
Les souvenirs y errent comme une vieille chanson.
Je me souviens encore de cette force inébranlable,
Que nous avions bâtie, croyant l'amour durable.

Mais les fondations étaient fragiles, invisibles fissures,
Que le temps a creusées dans nos murmures.
Peu à peu, tout s'est effondré sans un bruit,
Et je n'ai rien pu faire pour empêcher cette nuit.

Je marche parmi les débris de ce que je ressens,
Essayant de comprendre comment tout s'est enfui si lentement.
Chaque pierre renversée me raconte une histoire,
Un fragment de bonheur, aujourd'hui devenu illusoire.

Un cœur en ruines, voilà ce qu'il me reste,
Un vestige d'amour, étouffé sous tes gestes.
J'aurais voulu le préserver, le garder entier,
Mais l'usure du temps l'a fait se désagréger.

Des murs s'effondrent, rongés par le passé,
Chaque fissure raconte des mots jamais avoués.
Et toi, là-bas, tu avances sans retour,
Ignorant que mon cœur en ruine meurt chaque jour.

Je m'accroche aux souvenirs, mais ils s'envolent,
Comme les feuilles mortes sous un souffle qui décolle.
Ce cœur en ruine n'est plus que fragments,
Des miettes de tendresse éparpillées dans le vent.

Peut-être qu'un jour, ces ruines refleuriront,
Que les pierres s'élèveront dans un nouveau frisson.
Mais pour l'instant, je porte en moi cette désolation,
Un cœur en ruine, en quête de rédemption.

J'en ai le cœur brisé

J'en ai le cœur brisé, en mille éclats fragiles,
Comme des morceaux de verre, dispersés, si volatiles.
Chaque battement résonne dans un vide immense,
Où jadis se trouvait ton amour, ta présence.

Je porte en moi cette douleur discrète,
Une plaie cachée, un murmure qui m'inquiète.
Ton absence est un froid, un souffle amer,
Et chaque jour, je ressens ce vide qui m'enterre.

Mon cœur en lambeaux, je ne peux plus le dissimuler,
Tes promesses détruites m'ont laissé dériver.
Les souvenirs de nos moments heureux me consument,
Et leur douceur d'antan, aujourd'hui, me ronge et m'abîme.

Ton sourire, jadis mon soleil, s'est éteint,
Et me voilà seul, dans cette nuit sans fin.
Je marche sur les traces de nos rêves déchus,
Cherchant dans le néant un espoir perdu.

Les larmes viennent souvent, sans prévenir,
Comme une pluie amère qui refuse de finir.
Elles coulent, silencieuses, sur mes joues fatiguées,
Témoignant de cet amour que je n'ai pas su garder.

Ton départ a laissé des cicatrices profondes,
Des marques invisibles qui saignent dans mon monde.
Je me souviens de tes mains, de leur chaleur douce,
Aujourd'hui elles me manquent, comme un souffle qui repousse.

Je me demande où est passé ce « nous » si fort,
Celui qui aurait résisté à tout, même à la mort.
Mais aujourd'hui, il ne reste que des ombres floues,

Des souvenirs ternis, qui s'effritent sous mes doigts mouillés de boue.

Je me bats chaque jour avec cette absence,
Avec ce vide qui gronde en silence.
Mais plus je lutte, plus la douleur se nourrit,
Et je sens que je me perds dans ce chemin qui s'enfuit.

J'en ai le cœur brisé, mais je porte toujours ton souvenir,
Comme une étoile triste, un éclat qui refuse de mourir.
Je ne sais pas si je guérirai un jour,
Mais pour toi, j'aurai toujours cet amour.

Cet amour que tu as emporté avec toi,
Qui fait de moi une ombre, une âme en émoi.
Je t'ai donné tout ce que j'avais, tout ce que je suis,
Mais en retour, il ne me reste que cette nuit.

J'en ai le cœur brisé, et je le cache en secret,
Mais les mots me manquent, et tout semble s'effondrer.
Je n'ai plus de force, plus de souffle pour t'aimer,
Alors je pleure en silence ce que nous avons laissé.

Peut-être qu'un jour, je saurai pardonner,
Peut-être qu'un jour, je saurai oublier.
Mais pour l'instant, tout ce que je peux dire,
C'est que j'en ai le cœur brisé, et je ne sais plus sourire.

Les blessures les plus profondes

Les blessures les plus profondes sont muettes,
Elles se cachent dans les replis de l'âme inquiète.
Elles se nourrissent des silences, des non-dits,
De ces regards vides, de ces soupirs enfouis.

Elles s'enroulent autour du cœur, insidieuses,
Là où les mots ne peuvent atteindre, pernicieuses
Elles laissent des cicatrices invisibles à l'œil nu,
Des marques indélébiles, des blessures à jamais tues.

Le jour, elles se masquent derrière des sourires,
Mais la nuit, elles s'éveillent, prêtes à s'étendre et à luire.
Chaque pensée devient une épine douloureuse,
Chaque souvenir une ombre silencieuse.

Les blessures les plus profondes n'ont pas de voix,
Elles crient en silence, un écho sans émoi.
Elles rongent l'âme, laissent des traces de leur passage,
Un chemin de douleur, une route de naufrage.

Dans le miroir, le reflet est intact,
Mais l'intérieur est brisé, l'âme en impact.
Les sourires sont des masques, les rires des mensonges,
Un voile d'apparences, où la tristesse se prolonge.

Chaque jour est une lutte, un combat silencieux,
Pour cacher ces blessures, pour paraître heureux.
Les autres ne voient que la surface lisse,
Ignorant la profondeur de la douleur, son supplice.

Les blessures les plus profondes se cachent bien,
Elles habitent les rêves, hantent les lendemains.
Elles se dissimulent dans les recoins de l'esprit,
Des fantômes silencieux, toujours en survie.

Elles se nourrissent des peurs, des hésitations,
Des doutes profonds, des sombres réflexions.
Elles grandissent dans l'ombre, sans être vues,
Des cicatrices de l'âme, à jamais perdues.

Mais parfois, un regard, une main tendue,
Peut effleurer l'âme, offrir un salut.
Une lumière douce dans l'obscurité,
Un espoir fragile, une volonté.

Les blessures les plus profondes restent muettes,
Mais elles peuvent guérir, avec le temps, être nettes.
Avec l'amour, la patience, la tendresse,
Elles peuvent s'atténuer, laisser place à la finesse.

Il faut du courage pour affronter ces démons,
Pour ouvrir son cœur, pour briser les monts.
Il faut de la force pour parler des silences,
Pour partager la douleur, pour trouver une alliance.

Les blessures les plus profondes sont souvent invisibles,
Mais avec le temps, elles peuvent devenir lisibles.
Elles racontent une histoire de résilience,
De survie, de courage, de délivrance.

Chaque cicatrice est une preuve de force,
Chaque douleur une leçon, une ressource.
Les blessures les plus profondes, bien qu'amères,
Nous façonnent en êtres complets et sincères.

Les épreuves de l'amour

Aimer, c'est ouvrir grand les portes de son âme,
C'est se laisser emporter par des vagues de bonheur,
C'est embrasser la lumière et les ombres sans drame,
S'offrir sans réserve, malgré les peurs du cœur.

À travers l'éclat de l'amour, les jours deviennent magie,
Chaque sourire partagé brille comme un chant de vie.
Chaque étreinte, une promesse infinie,
Mais derrière cette splendeur, l'amour cache ses tragédies.

Aimer, c'est marcher sur un fil fragile,
En équilibre, malgré les vents volatils.
Quand l'autre s'éloigne et le cœur s'égare,
Les souvenirs s'effacent, tels des mirages dans le noir.

Les joies de l'amour, éclats lumineux dans la brume,
Éphémères et précieuses, éclairant nos chemins.
Mais les heures sombres, les doutes qui s'allument,
S'inscrivent aussi dans le fil de nos destins.

Quand l'amour s'éteint, les mots se changent en silence,
Les promesses d'hier deviennent des échos lointains.
Dans la douleur, on ressent toute l'ampleur de l'absence,
Chaque déchirure révèle des sentiments incertains.

Les rêves chéris se brisent comme des mirages déçus,
Les promesses s'évaporent dans un souffle glacé,
Le miroir des émotions ne reflète plus ce qui fut,
Elle ne t'aime plus, et ton cœur reste figé.

Les souvenirs se transforment en ombres effacées,
Les moments partagés se perdent dans l'oubli.
La douleur semble forte, mais elle est une clé,
Elle révèle la résilience, la force d'un cœur aguerri.

Accepter le cœur fermé de l'autre est une épreuve sévère,
Les espoirs se fanent comme des fleurs sous la pluie,
Mais dans cette vérité se trace un chemin sincère,
Vers l'acceptation, une paix qui fleurit.

La douleur de l'amour est une école de vie,
Une vérité cruelle qui forge et embellit,
Elle ne diminue pas sa splendeur mais l'enrichit,
D'une beauté sincère, d'un éclat infini.

Ainsi, même lorsque l'amour dévoile ses mirages,
Quand les cœurs se brisent et les rêves s'effacent,
Il reste une vérité : aimer est un partage,
Un chemin où l'on avance, malgré l'angoisse.

Le verre de trop

Il est là, assis au comptoir, un verre à la main,
Ses yeux fixent le liquide ambré, reflet de ses chagrins,
Chaque gorgée est une échappatoire, une fuite,
L'alcoolique, un homme perdu dans une quête sans suite.

Autour de lui, les murmures de la nuit,
Des éclats de rire, des pleurs enfouis,
Il noie ses peines dans l'ivresse douce et amère,
Cherchant dans chaque bouteille un peu de lumière.

Sa vie est un brouillard, une lente dérive,
Chaque matin est une lutte, chaque soir une esquive,
L'alcool est son refuge, son répit,
Mais aussi son geôlier, son plus fidèle ennemi.

Ses mains tremblent légèrement, un signe de détresse,
Ses pensées s'égarent, des souvenirs en liesse,
Des visages flous, des moments heureux,
Aujourd'hui perdus, sous le voile des cieux.

Il se rappelle les jours d'avant, sans horizon,
Quand le rire était facile, sans poison,
Des jours de soleil, emplis de tendresse,
Avant que l'ombre ne vienne, dans son ivresse.

L'alcoolique, un homme aux rêves effacés,
Chaque verre est un pansement sur des plaies usées,
Il cherche la paix, la délivrance,
Mais trouve seulement un vide, une absence.

La nuit avance, les heures défilent,
Il est seul dans sa bulle, fragile,
Les visages autour de lui s'effacent,
Il reste avec ses démons, sans grâce.

Sa famille l'a quitté, lassée de ses promesses,
Chaque tentative de rédemption, une fausse liesse,
Ils ont vu l'homme sombrer, impuissants,
Les larmes aux yeux, le cœur saignant.

L'alcoolique, un être en exil,
Exclu de lui-même, de sa propre ville,
Il erre dans un désert de regrets,
Chaque gorgée un pas de plus vers l'abîme muet.

Il y a des moments de clarté, des instants de lucidité,
Quand il voit la spirale, l'inexorable vérité,
Il jure de s'arrêter, de lutter,
Mais l'appel de l'alcool est plus fort, une chaîne à briser.

Il se souvient des visages aimants, des voix chères,
Des éclats de bonheur, des éclats de verre,
Chaque souvenir est une lame acérée,
Qui tranche son cœur, le poussant à céder.

Il voit dans le miroir un visage étranger,
Un homme vieilli, marqué par les années,
L'alcoolique ne reconnaît plus son passé,
Il est une ombre, un être brisé.

Les nuits se succèdent, et son âme succombe,
Chaque verre l'approche un peu plus de sa tombe.
Il sait qu'il se détruit, lentement,
Mais l'ivresse est une amante, un doux tourment.

L'alcoolique rêve d'une vie sans bouteille,
D'un matin sans douleur, sans gueule de bois au réveil,
Mais chaque jour est une nouvelle bataille,
Une guerre intérieure qu'il mène, avec espoir et sans faille.

Il y a de l'espoir, parfois, dans un sourire, une main tendue,
Des amis qui reviennent, des liens perdus,
Mais l'alcool est un amant jaloux,
Il garde l'homme enchaîné, dans un amour fou.

L'alcoolique est un homme de dualité,
Un cœur en quête de paix, de vérité,
Mais l'ivresse est un voile, un mensonge,
Qui cache la lumière, qui efface ses songes.

Dans un dernier souffle, il lève son verre,
Un toast à la vie, à la douleur, à la terre,
L'alcoolique sait qu'il est pris au piège,
Mais il rêve encore, d'un jour de privilège.

Il est des trahisons

Il est des trahisons, mais rares sont celles
Qui percent l'âme comme un coup mortel,
Comme celle d'une femme qui, infidèle,
Laisse derrière elle un amour cruel.

Elle est le sourire trompeur,
Le regard complice et menteur,
La caresse douce et amère,
D'un venin caché, sans lumière.

Ses promesses s'échappent au vent,
Comme des murmures, sans fondement,
Ses serments d'amour sont fuyants,
Ne laissant que des rêves vacillants.

Elle tisse des rêves d'illusion,
Avec des fils dorés, des pièges en moisson,
Dans les jardins de la passion,
Où naissent les ombres de la trahison.

Femme infidèle, ombre de loyauté,
Se glissant dans la nuit, sans pitié,
Ses lèvres goûtent l'amertume cachée,
Des secrets murmurés, sans vérité.

Elle danse entre les larmes versées,
Écrivant des poèmes d'ivresse,
Sur des cœurs qui saignent, blessés,
Abandonnant des traces de détresse.

Chaque baiser volé est un poignard,
Chaque mot d'amour, un espoir illusoire,
Un mensonge tissé avec art,
Qui laisse des cœurs à la dérive, sans phare.

Les nuits d'infidélité sont des dédales
Où elle erre, jouant avec des cœurs en cavale,
Perdue et retrouvée dans des ombres sans fin,
Laissant des âmes errantes, sans repères, sans lien.

Femme infidèle, elle chante des hymnes,
De l'éphémère, des amours clandestines,
Laissant derrière elle des âmes désolées,
Marquées à jamais par des peines avouées.

Elle est la tentation incarnée,
Le fruit défendu, pourtant désiré,
Que l'on goûte dans l'ombre, avec passion,
Mais qui, à l'aube, s'évanouit sans raison.

Et pourtant, sous les étoiles, il est des cœurs,
Qui, malgré tout, cherchent encore son ardeur
À pardonner, à la comprendre,
Et à l'aimer, malgré la douleur tendre.

Car il est des hommes, qui dans la douleur,
Trouvent la force de se relever, avec ferveur,
De reconstruire un amour sincère,
Malgré la trahison, malgré l'amer.

Même après la trahison d'une amante cruelle,
Ils cherchent le pardon, en quête de l'éternel.
Pas à pas, ils recousent leur cœur meurtri,
Car l'amour, plus fort, jamais ne périt.

Une nuit de débauche

Sous le voile sombre de la nuit étoilée,
Là où les ombres dansent avec les âmes égarées,
Un parfum de mystère flotte dans l'air,
Attirant les cœurs perdus, les esprits solitaires.

Les ruelles pavées résonnent de pas hésitants,
Les murmures du passé hantent chaque instant.
Les néons éclatants illuminent les visages,
Masquant les désirs et les sombres présages.

Dans un bar enfumé, refuge des âmes brisées,
Les verres se lèvent, les histoires sont contées.
Les regards se croisent, brûlant de passion,
Cherchant l'oubli dans cette déraison.

Le vin rouge coule, semblable à du sang,
Réchauffant les cœurs, anesthésiant le temps.
Les rires éclatent, les larmes se cachent,
Dans ce carnaval de rêves où tout se détache.

Une danse enivrante, envoûtante et fiévreuse,
Les corps se rapprochent dans une étreinte audacieuse.
Les lèvres se frôlent, les souffles se mêlent,
Dans un ballet secret où les cœurs se révèlent.

Les heures s'égrènent, les étoiles pâlissent,
Les âmes se perdent dans une nuit complice.
Le rythme s'intensifie, les pulsions s'affolent,
Dans cette ronde effrénée où la raison s'envole.

Mais au-delà des rires et des plaisirs volés,
Un voile de mélancolie commence à s'immiscer.
Les fantômes du jour, les regrets latents,
Se faufilent doucement, si discrets et pesants.

L'aube approche, avec son cortège de vérités,
Les masques tombent, laissant les cœurs épuisés.
Les souvenirs de la nuit s'effacent, éphémères,
Ne laissant que des échos d'une aventure singulière.

Les rues se vident, les âmes se retirent,
Chacune portant en elle un fragment de désir.
La nuit s'achève, le jour renaît,
Mais les traces de débauche ne s'effaceront jamais.

Dans ce labyrinthe de plaisirs et de peines,
Se joue l'éternelle quête humaine.
D'une nuit de débauche, on retient l'essence,
Des âmes en quête de sens, en quête de transcendance.

Te revoir, une dernière fois

Te revoir, une dernière fois,
C'est tout ce que je demande, tout ce que je crois.
Un instant volé au temps, suspendu dans l'air,
Où nos regards se croisent, effleurant le mystère.

Te revoir, juste pour sentir ta présence,
Effleurer tes mains, retrouver cette innocence.
Le monde peut s'effondrer, je n'entendrai rien,
Car dans cet instant, tu seras tout mon chemin.

Une dernière fois, entendre ton rire éclater,
Voir tes yeux s'illuminer, me sentir habité.
Par ce souvenir, par ce fragment de vie,
Qui me lie à toi, même si tout est fini.

Te revoir, une dernière fois sous le pont,
Avant que nos routes ne se séparent pour de bon.
Une fois encore, sentir ton souffle sur ma peau,
Sentir cette chaleur qui me manque, qui m'a rendu si beau.

Je veux te revoir dans cette lumière douce,
Où nos cœurs battaient ensemble, sans que rien ne s'efface.
Tu étais ma lumière, mon étoile dans la nuit,
Te revoir, c'est raviver cette flamme qui me fuit.

Peut-être que ce sera bref, un clin d'œil, un instant,
Mais ce sera tout pour moi, comme un souffle dans le vent.
Te revoir, juste pour dire adieu,
Pour que je puisse enfin accepter que tout est devenu vieux.

Une dernière fois, je veux sentir cette étincelle,
Qui dans tes yeux faisait briller l'éternel.
Je veux me souvenir de nous, comme avant,
Quand le monde semblait vaste, et le temps moins pressant.

Je ne demande pas que tu restes,
Je sais que nos chemins sont des promesses célestes.
Mais te revoir, juste une fois,
C'est tout ce que je demande avant que je m'égare dans l'au-delà.

Ton absence a laissé un vide si grand,
Que chaque jour est devenu pesant.
Je marche dans les ombres de ce passé,
Te revoir, c'est la lumière dont j'ai besoin pour me libérer.

Je veux te voir sourire, même si ce n'est qu'un mirage,
Une illusion douce qui apaise mes naufrages.
Une dernière fois, te voir,
Avant que la nuit ne vienne recouvrir notre histoire.

Je t'imagine souvent, là, au coin de cette rue,
Ton visage baigné par le soleil qui s'insinue.
Te revoir une fois encore, même dans mes rêves,
C'est tout ce que je souhaite, avant que la vie m'achève.

Ce ne sera qu'un instant, je le sais,
Mais cet instant sera tout, il scellera ma paix.
Je t'ai perdu, je l'accepte, mais avant de partir,
Je veux te revoir, te sentir, te chérir.

Te revoir, une dernière fois,
Pour que mon cœur trouve enfin sa voix.
Je pourrai dire adieu, sans regret ni crainte,
Car j'aurai eu ce moment, cette douce étreinte.

Alors viens, juste une dernière fois,
Que nos âmes se touchent avant de suivre leur voie.
Te revoir, ce sera mon apaisement,
Avant que le vent ne disperse mes sentiments.

À quarante ans

À quarante ans, le poids des années se fait sentir,
Mais avec lui viennent la sagesse et le plaisir.
Chaque ride est une histoire, un témoignage
D'une vie bien vécue, riche en apprentissage.

On se tient à la croisée des chemins,
Avec le passé derrière, l'avenir en main.
Un regard vers les rêves accomplis,
Un autre vers ceux encore inassouvis.

À quarante ans, on a connu les hauts et les bas,
Les succès éclatants, les échecs parfois.
Mais chaque défi a forgé notre être,
Chaque épreuve surmontée nous a rendu maître.

On ressent une certaine sérénité,
Un calme intérieur, une maturité.
Les priorités se clarifient, les valeurs se raffinent,
On sait ce qui compte vraiment, ce qui nous illumine.

Les cicatrices du temps, marques du vécu,
Nous rappellent la force de s'être relevé,
D'avoir trouvé en soi le courage d'avancer,
Et de voir la beauté des chemins parcourus.

Les amitiés se renforcent, profondes et sincères,
Les relations évoluent, dans des liens plus solidaires.
Chaque moment partagé devient lumineux,
Chaque instant savouré, un bonheur silencieux.

À quarante ans, les rêves ne se sont pas éteints,
Ils se transforment, mais continuent leur chemin.
On croit encore, on espère toujours,
Avec la certitude que tout peut éclore un jour.

On ressent l'urgence du temps qui s'échappe,
Un désir de vivre sans pause, sans étape.
Savourer chaque instant, chaque opportunité,
Ne jamais remettre à demain ce qui doit être réalisé.

Un équilibre entre responsabilités et liberté,
À quarante ans, on se connaît mieux, on s'accepte entier.
Avec nos forces, nos faiblesses assumées,
On avance sereinement, le cœur apaisé.

Prêts à relever de nouveaux défis,
Explorer des horizons, ouvrir des vies.
Avec l'expérience en guide, la passion en moteur,
On se lance dans l'avenir avec ardeur.

On se sent fort, mais vulnérable aussi,
Conscient de l'instant, de ce qu'il nous offre ici.
Chaque jour est un cadeau à savourer,
À chérir, à aimer, sans jamais regretter.

On regarde autour, avec gratitude immense
Pour ceux qui partagent notre existence.
Famille, amis, mentors et amours,
Chacun a contribué à enrichir notre parcours.

Car quarante ans, c'est une célébration,
D'une vie pleine de cœur, de passion.
Un point de départ pour de nouvelles aventures,
Avec l'âme ouverte, en armure.

Quarante ans n'est pas une fin,
Mais le début d'un nouveau matin.
Une étape vers des horizons dorés,
Une célébration de la vie, intensément aimée.

renoncer à elle

Renoncer à toi, c'est comme arracher une partie de moi,
Un fragment de mon cœur, que je laisse derrière, sans voix.
Comment dire adieu à cette lumière douce,
Qui a illuminé mes jours, effacé les ombres rousses ?

Je porte en moi le poids de cette décision,
Mais chaque pas loin de toi est une trahison.
Renoncer à toi, c'est éteindre une étoile dans le ciel,
Une flamme qui brûlait, immortelle et belle.

Tu étais mon refuge, mon souffle, ma mer,
Mais le temps m'a dicté de m'éloigner, de te laisser derrière.
Le silence entre nous a grandi chaque jour,
Et aujourd'hui, je fais face à cette absence d'amour.

Renoncer à toi, c'est embrasser le vide,
Un gouffre sans fin où tout devient aride.
Je me bats contre le désir de revenir vers toi,
Mais je sais que parfois, aimer, c'est aussi savoir dire au revoir.

Chaque souvenir de toi est un poignard en plein cœur,
Il ravive les douleurs, les regrets, la peur.
Ton rire résonne encore, écho d'un passé,
Et je me demande pourquoi le destin nous a séparés.

Renoncer à toi, c'est accepter de ne plus sentir
Ton parfum dans l'air, ton regard me sourire.
C'est laisser partir ce que je croyais éternel,
Admettre que nos rêves, ensemble, étaient irréels.

Je t'ai aimée de tout mon être, c'est vrai,
Mais parfois, même l'amour s'égare en chemin, je le sais.
Les promesses faites sous un ciel étoilé,
S'effacent sous le poids des jours passés.

Renoncer à toi, c'est faire taire cette voix,
Qui me murmure que tout peut encore s'arranger entre toi et moi.
Mais je dois avancer, te laisser derrière,
Même si mon cœur saigne, même si je suis amer.

C'est renoncer à nos rires, à nos nuits partagées,
À ces moments d'éternité que rien ne peut égaler.
C'est accepter que le bonheur, avec toi, est révolu,
Que nos routes se séparent, bien que cela me tue.

Je ferme les yeux et je te vois encore,
Ton sourire doux, ton regard qui m'adore.
Mais aujourd'hui, je dois choisir un autre chemin,
Un sentier où tu ne me tiendras plus la main.

Renoncer à toi, c'est faire face à l'inconnu,
À ce futur sans toi, froid et dépourvu.
Mais je sais qu'il faut parfois s'effacer,
Pour laisser l'autre avancer, respirer, exister.

Je laisse derrière moi tout ce que nous étions,
Ces rêves partagés, ces doux frissons.
Je renonce à toi, avec le cœur lourd et brisé,
Mais je sais que parfois, c'est le seul choix à envisager.

Alors je pars, emportant avec moi ces souvenirs,
Ces instants volés, ces promesses à chérir.
Renoncer à toi, c'est aussi me libérer
De ce fardeau d'un amour trop grand à porter.

Je t'aimerai toujours, même en silence,
Même si notre histoire se termine dans l'absence.
Renoncer à toi ne veut pas dire oublier,
Mais accepter que parfois, il vaut mieux s'éloigner.

Et même si mon cœur hurle à l'intérieur,
Même si chaque battement est empreint de douleur,
Je renonce à toi, pour que tu puisses aimer,
Et trouver l'amour qui saura te combler.

L'ombre du chagrin

Dans les replis de l'âme, une ombre silencieuse
Se glisse doucement, sans bruit, mystérieuse.
Elle s'attarde dans le cœur, tissant son fil de froid,
Et chaque souffle devient un cri qu'on n'entend pas.

Le jour se lève, mais la lumière semble lointaine,
Car cette ombre recouvre tout d'une brume incertaine.
Les souvenirs s'enchaînent, comme des vagues sans fin,
Chaque image, une blessure dans le destin.

Les nuits sont longues, peuplées de murmures,
Le sommeil hésite, troublé par des pensées obscures.
Dans l'obscurité, les larmes coulent sans fin,
Chacune est un espoir qui se brise dans le matin.

Pourtant, au cœur de ce silence oppressant,
Quelque chose naît, fragile mais constant.
Le chagrin forge, il ne détruit pas seulement,
Il sculpte des forces que l'on découvre lentement.

Les larmes deviennent des rivières salvatrices,
Chaque goutte un courage, une lueur d'espérance,
Le chagrin, avec ses lames affûtées,
Creuse des sillons où la résilience peut germer.

Les jours passent, et peu à peu,
L'ombre recule, cédant place à la clarté des cieux.
Ce qui semblait brisé devient un chemin,
Où chaque pas conduit vers un nouveau destin.

Ainsi, le chagrin n'est plus seulement une douleur,
Il devient un guide, un révélateur de cœurs.
Il montre la voie vers une paix retrouvée,
Et mène l'âme, plus forte, vers une clarté rêvée.

L'âme à vif

À fleur de peau, chaque souffle est une caresse,
Les émotions naissent dans une douce liesse,
Les cœurs battent plus fort, emportés par l'émoi,
Chaque sensation, chaque frisson, un chant de joie.

Les nerfs à vif, tendus comme des fils,
Chaque mot, chaque geste, met à nu nos exils,
L'amour, la peur, la joie, ou bien la douleur,
À fleur de peau, tout brille de sa propre lueur.

Les yeux brillent, les larmes doucement s'allument,
Cascade d'émotions, un reflet qui s'assume,
Chaque sourire, chaque regard, un doux don,
À fleur de peau, nous vivons, nous aimons.

Il est des jours où tout paraît trop intense,
Où la moindre brise devient une danse,
Les souvenirs reviennent, les plaies se ravivent,
À fleur de peau, chaque instant nous captive.

Le passé s'accroche, les fantômes murmurent,
Les cicatrices se referment, les rêves perdurent,
À fleur de peau, chaque souvenir est une histoire,
Chaque cicatrice témoigne de notre victoire.

Les mains tremblent, les voix se taisent,
Les corps frissonnent, les âmes s'apaisent
À fleur de peau, vulnérables et sincères,
Nous embrassons la vie, comme un doux mystère.

L'amour est une flamme, douce et brûlante,
Chaque baiser, chaque étreinte est vibrante,
Les cœurs s'entrelacent, les corps se fondent,
À fleur de peau, nous touchons l'infini du monde.

Les sens en éveil, chaque toucher est un émoi
Les parfums, les saveurs, un monde en soi,
À fleur de peau, nous explorons l'invisible,
Nous touchons l'éternel, l'indicible.

Il est des moments où le monde s'efface,
Où seul reste l'instant, un éclat de grâce,
Les rires des enfants, les murmures des amants,
À fleur de peau, chaque instant devient saisissant.

Les nuits étoilées, les jours éclatants,
Les murmures des vents, le chant des oiseaux,
Chaque moment vécu est un souffle brûlant,
À fleur de peau, nous vivons sous des cieux si beaux.

Les rêves se tissent, les peurs s'effacent,
Les espoirs renaissent, les cœurs s'enlacent,
À fleur de peau, nous portons le monde en nous,
Nous sommes des vagues, des étoiles, des bijoux.

Chaque épreuve, chaque défi, un pas vers demain,
Vers la compréhension, la lumière, le chemin,
À fleur de peau, nous grandissons, nous changeons,
Nous devenons, nous apprenons, nous renaissons.

Les mains tendues, les âmes ouvertes,
Les cœurs en partage, les vies offertes,
À fleur de peau, nous tissons des destins,
Nous construisons des ponts, nous brisons les chagrins.

Il est des instants où tout semble éternel,
Où chaque battement de cœur tisse un fil dans le ciel,
Les âmes s'élèvent, les corps se confondent,
À fleur de peau, nous vibrons, les liens se fondent.

Le temps ne répare presque rien

Le temps passe, insaisissable et silencieux,
Comme une rivière qui coule sous un ciel brumeux.
On dit souvent que le temps guérit, qu'il apaise,
Mais parfois, il laisse derrière lui des plaies qui pèsent.

Les jours s'étirent, les heures filent,
Et pourtant, le cœur reste lourd, fragile.
Les blessures du passé se cicatrisent à moitié,
Leurs échos résonnent, marqués dans l'éternité.

Le temps ne répare presque rien,
Il efface des traces, mais jamais tout le chemin.
Les souvenirs, tels des fantômes doux ou amers,
Reviennent hanter nos nuits, sous un voile de mystères.

Les sourires forcés cachent les fissures,
Mais sous la surface, demeurent les blessures.
Les promesses d'oubli ne sont que des mirages,
Car le temps ne fait qu'emprisonner notre rage.

Les secondes s'égrènent, inlassables et lentes,
Et pourtant, le passé demeure et hante.
Les regrets, ces ombres qui suivent nos pas,
Ne disparaissent pas avec les heures qui s'en vont là-bas.

On croit avancer, on croit tourner la page,
Mais le passé, ancré, reste un lourd bagage.
Les rires, les larmes, les moments volés,
Ne sont jamais complètement effacés.

Le temps passe, il efface des traces,
Mais les souvenirs gardent leur amertume tenace.
Les cicatrices se referment, oui, mais restent visibles,
Témoins muets de nos douleurs indicibles.

Les visages changent, les saisons défilent,
Mais le cœur, lui, garde encore ses failles subtiles.
Le temps ne répare presque rien,
Il couvre la peine, mais ne l'efface point.

On apprend à vivre avec les fissures,
À sourire malgré les blessures.
Le temps enseigne la résilience, la survie,
Mais il ne rend jamais le cœur entièrement guéri.

Alors on avance, parfois avec légèreté,
Souvent avec le poids du passé.
On rêve que les douleurs se diluent dans l'air,
Mais elles restent, accrochées, telles des pierres.

Le temps ne répare presque rien,
Il adoucit, il calme, mais ne rend pas serein.
Il nous fait croire que tout peut s'effacer,
Mais au fond, tout reste gravé.

Les souvenirs, ces éclats du passé,
Sont des miroirs brisés qu'on ne peut recoller.
Et malgré le flux incessant des jours qui s'en vont,
Le cœur, lui, reste marqué par l'émotion.

Le temps, illusion fragile,
Ne guérit pas, il rend juste la douleur plus docile.
On apprend à vivre avec, à marcher en boitant,
Mais le passé, lui, reste là, omniprésent.

Le temps ne répare presque rien,
Il camoufle les cicatrices, mais les garde sous la main.
Il ne fait qu'endormir, pour un instant,
La douleur qui ressurgit, implacable et troublant.

Ainsi, chaque jour qui passe,
Nous rappelle que le temps ne guérit pas tout ce qui nous lasse.
Il nous apprend à coexister avec nos chagrins,
Mais le temps, lui, ne répare presque rien.

© 2024
Édition : BoD • Books on Demand GmbH, In de
Tarpen 42, 22848 Norderstedt (Allemagne)
Impression : Libri Plureos GmbH, Friedensallee 273,
22763 Hamburg (Allemagne)
Dépôt légal : Septembre 2024

Pour
Théophile Touali
www.theophiletouali.com